思维盛宴

优秀学生
爱做的600个
思维游戏
——精华版

赵 霞◎编著

北京联合出版公司
Beijing United Publishing Co.,Ltd.

图书在版编目（CIP）数据

优秀学生爱做的600个思维游戏：精华版／赵霞编
著．－－北京：北京联合出版公司，2014.11(2022.3重印)
（思维盛宴）
ISBN 978-7-5502-4083-4

Ⅰ．①优… Ⅱ．①赵… Ⅲ．①智力游戏－青少年读物
Ⅳ．①G898.2

中国版本图书馆CIP数据核字(2014)第268739号

优秀学生爱做的600个思维游戏：精华版

编　著：赵　霞
选题策划：大地书苑
责任编辑：陈昊　王巍
封面设计：尚世视觉
版式设计：程　杰

北京联合出版公司出版
（北京市西城区德外大街83号楼9层　　100088）
北京一鑫印务有限责任公司印刷　　新华书店经销
字数260千字　710毫米×1000毫米　1/16　16印张
2014年11月第1版　2022年3月第2次印刷
ISBN 978-7-5502-4083-4
定价：59.80元

前 言

玩也是一种生产力

据说爱因斯坦是全世界脑细胞开发最多的人，但他的脑细胞也仅仅开发了全脑的1/3而已，因此很多人跃跃欲试，期望最大程度地开发自己的大脑潜能。这成就了一个全民开发大脑的时代，也成就了一个大家终于能够从思维中获取乐趣的年代。

这件事本身也成为一件令人愉悦的事。因为当今的时代已经有了一个全新的思维理念，那就是，只有那些懂得锻炼、开发思维的人才会成为这个社会的精英！只有能够从思维中获悉乐趣的人，才是真正懂得运用思维的人！

腾讯公司的创始人马化腾就有一句名言："玩也是一种生产力。"是的，没错。玩也是一种生产力！而且是一种不可忽视的潜力巨大的生产力！只有那些会玩并且玩出自己特色的人才能最大限度地开发大脑深处的未开发潜能，在锻炼中提高自己的各项能力，并以此应对未来层出不穷的挑战，成为多元化社会所需要的人才。

此次为大家献上《优秀学生爱做的600个思维游戏》一书，与其他同类书相比，有如下显著的特点：

版面设计简单大方

加强思维能力锻炼的程度

增加有趣有益的谜题数量

提升各式谜题的新颖程度

读此书，相信你绝对受益良多。

王小波在《思维的乐趣》一文结尾曾经发出过这样一个感叹："作为一个有过幸福和痛苦两种经历的人，我期望下一代人能在思想方面有些空间来感到幸福，而且这种空间比给我的大得多。"

能够从思维中获得乐趣，从乐趣中为成功打下基础，这也正是我希望大家得到的。

目 录

第五部分　分析思维游戏

第六部分 数字思维游戏

第十部分　文字思维游戏

第十一部分　辨别思维游戏

第十二部分　空间思维游戏

第十三部分　脑筋急转弯游戏

第十四部分　综合思维游戏

第十五部分 解 答 篇

第一部分

创意思维游戏

创意思维包含了一个人的思维能力、创新能力和创造能力等，是发挥个人潜能的关键因素。拥有良好创意思维的人可以深度释放个人大脑的能量，在思维碰撞、智慧对接中创造性地解决问题。

1 吃羊

有一只野羊，狮子用2小时吃完它，熊3小时吃完它，狼6小时吃完它。如果3只野兽一块儿吃，用多少时间才能吃完它？

2 反插裤兜

发挥一下想像，怎么才能把你的左手放入右边的裤兜里，而同时又将右手放入到左边的裤兜里。

3 奇怪的数字

请问：什么数字减去一半等于零？

4 儿子和爸爸的游戏

儿子和爸爸坐在屋中聊天。儿子突然对爸爸说："我可以坐到一个你永远坐不到的地方！"爸爸觉得这不可能，你认为可能吗？

5 太空人打赌

有两个太空人在火星上探测。一个人和他的同伴打赌，说他可以闭上眼睛，在上面走上整整1公里而且距离完全正确。他能做到吗？

6 相遇的问题

有一个人从A地骑自行车到B地去，而另一个人开车从B地驶往A地。在路上，他们相遇了。你知道这个时候谁离A地更近吗？

7 让人高兴的死法

从前，有一个人触犯了法律，被国王判处死刑。这个人请求国王宽恕，国王说："你犯了死罪，罪不能赦，但我还是允许你选择一种死法。"这个人一听，非常高兴地选择了一种死法，而国王一言既出，驷马难追，看到这样的结果只好无奈地摇了摇头。

请问：这个人到底选择了一种什么死法？

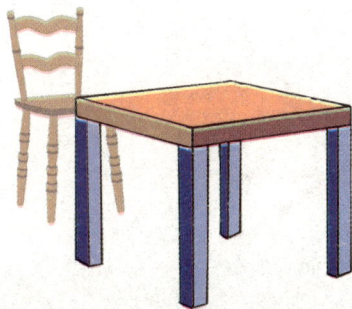

8 餐厅的面试题

一位刚毕业的学生到一家大型的餐厅应聘主管。主考官出了这样一道题目来考他：请在正方形的餐桌周围摆上10把椅子，使桌子每一面的椅子数都相等。应聘者想了很久都没有想出来，你能帮帮他吗？

9 金币与银币

一位王子向智慧公主求婚。智慧公主为了考验王子的智慧，就让仆人端来两个盆，其中一个装着10枚金币，另一个装着10枚同样大小的银币。仆人把王子的眼睛蒙上，并把两个盆的位置随意调换，请王子随意选一个盆，从里面挑选出1枚硬币。如果选中的是金币，公主就嫁给他；如果选中的是银币，那么王子就再也没有机会了。王子听了，说："能不能在蒙上眼睛之前，任意调换盆里的硬币组合呢？"公主同意了。

请问：王子该怎么调换硬币才能确保更有把握娶到公主呢？

10 放多少糖块

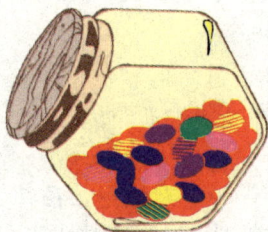

一次放进一颗糖块，一个能装3斤糖的空罐子放进多少颗糖块就不是空罐子了？

11 水壶变空

满满一大壶水，足有10斤重，一口只能喝半杯，你能在10秒内让水壶一下子变空吗？

12 拼11

用3根火柴拼出两种"11"的写法。

13 骑马比赛

一场骑马比赛正在进行，哪匹马走得最慢就是胜利者。于是，两匹马慢得几乎停滞不前，这样进行下去，比赛什么时候才能结束呢？在保证能选出最慢者（优胜者）的前提下，你能想办法让比赛尽快结束吗？

14 相连的月份

想一想，一年中哪两个相连的月份都是31天？

15 一道既简单又复杂的题

游戏开始了，请你快速计算：

一辆载着16名乘客的公共汽车驶进车站，这时有4人下车，又上来4人；在下一站下来4人，上去10人；在下一站下去11人，上来6人；在下一站，下去4人，上来4人；在下一站又下去8人，上来15人。

还有，请你接着计算：公共汽车继续往前开，到了下一站下去6人，上来7人；在下一站下去5人，没有人上来；在下一站只下去1人，又上来8人。

好了，记住你的计算结果，请回答下面的问题。

这辆公共汽车究竟停了多少站？（不要重新计算哦）

母鸡下蛋

16

清晨，一只母鸡先向着太阳飞奔了一会儿，然后掉头回到草堆旁；转了一圈后，又向右边跑了一会儿，然后向左边的同伴跑去，它与同伴在草堆里转了半圈后，忽然下了一个蛋。请问：蛋是朝什么方向落下的？

17

近视眼购物

李明因为长期躺在床上看书，日子一久就变成一拿掉眼镜就几乎看不见东西的高度近视眼。虽然平时他戴有框眼镜的次数多于戴隐形眼镜的次数，但只有购买某件物品的时候，他觉得还是戴隐形眼镜比较适合。

请问：李明购买的是什么物品呢？

18

还剩几只兔子

在一个菜园里，有128只兔子在埋头偷吃萝卜。农夫看见后非常生气，拿起猎枪"砰"地一枪打死了一只兔子。请问：菜园里还剩多少只兔子？

19

水为什么不溢出来

在一个盛满水的鱼缸里，将小木块、小石块或者橡皮等物品放进去，水就会从鱼缸里溢出来。但是，为什么把一条与上述物品同样体积的小金鱼放进去，水却不会溢出来呢？

20 机械表的动力

电子表的动力是电池中的电能，那么你知道机械表的动力是什么吗？

21 过独木桥

妞妞跟着挑着箩筐的爸爸过独木桥，走到桥中间的时候，迎面走来一个小男孩牛牛。妞妞和牛牛谁也不肯让谁，妞妞的爸爸怎么劝说也不行，于是他急中生智，想出了一个办法，使他们都过去了。你知道妞妞的爸爸是怎么做的吗？

22 硬币如何落下

找一个小号的广口瓶，将一根火柴棒折成"V"字形（不要完全折断，要使一部分纤维还连着），放在瓶口上，再取一枚比瓶口小一点的硬币放在"V"字形的火柴棒上。在不用手或者其他工具接触"V"字形火柴棒和硬币的情况下，你能想办法使硬币落到瓶子里去吗？

23 谁在敲门

地球上唯一存活下来的男人，坐在桌旁准备写遗书，突然听见外面传来敲门声。人类以外的动物早就死光了，也不可能是石子被风吹起打在门上的声音。当然，外星人也没有入侵地球。那么，到底是谁在敲门呢？

24 互看脸部

两个女人一个面向南一个面向北站立着，不允许回头，不允许走动，也不允许照镜子，她们怎样才能看到对方的脸？

25 天气预报

天气预报说今天半夜12点钟会下雨，那么再过72小时后会出太阳吗？

26 狭路相逢

一条河上有一座独木桥，只能容一个人通过。有两人来到桥头，一个从南来，一个向北去，想要同时过桥，该怎么过去？

27 科学家理发

一位科学家来到一个小镇，他发现镇上只有两位理发师，每人各有自己的理发店。科学家需要理发，于是他先察看了一家理发店，一眼就看出它非常脏，理发师本人衣着不整，而且头发凌乱，这说明这个理发师理得很蹩脚。再看另一家理发店，店面崭新，理发师的胡子刚刮过，而且头发修剪得非常好。科学家稍作思考，便返回了第一家理发店。你猜这是为什么呢？

28 餐厅的老板多少岁

有一个富足的法国人，在香榭大道上接近戴高乐广场的地段开了一间餐厅，生意一直很红火。担任主厨的安德里的厨艺越来越好。他最拿手的是鸡肉料理，仔鸡和鹅肝是绝妙的搭配。餐厅里一共有128个位子，每到周末几乎都座无虚席。

最近他还跟年轻歌手蜜雪儿签了约，歌手经常在餐厅现场演唱，使得老板的银行存款逐渐增加。

请问：餐厅的老板多少岁？

29 请病假

有一天，凯凯不想去上学，就让同学帮他带了一张请假条给班主任。为了表明自己真的病得很严重，凯凯用圆珠笔写了满满一张纸描述病情，并强调说自己是躺在病床上仰面写的。但班主任看了之后，就知道凯凯是想逃课。你知道班主任是怎么看出来的吗？

30 戒烟的妙法

你想戒烟吗？告诉你一个办法，保证能戒掉烟。

一包烟有20根，请你点燃第一根香烟，抽完后，1秒后点第二根香烟。抽完第二根后，过2秒再点燃第三根。抽完第三根后，等4秒后点第四根。之后等8秒，如此下去，每次等待的时间加倍就行。只要你遵守规则，我保证，抽不完两包烟，你就能戒掉烟。想知道为什么吗？

31 不落地的苹果

把一个苹果系在一根3米左右长的线的一端，另一端系在高处，把苹果悬挂起来，你能够从中间剪断这根线，并保证苹果不会落地吗？

32 小猴的游戏

聪明的小猴拿着10根火柴棒在院子里摆弄不停。小兔子问他在干什么，小猴说他要完成妈妈交给他的任务：用10根火柴拼成一个含有10个三角形、2个正方形、2个梯形和5个长方形的图形。可小猴怎么拼也达不到妈妈的要求，小兔子一把接过他手中的火柴棒，两三下就拼成了。你知道小兔子拼成的图是什么样的吗？

33 奇怪的人

一个没有双眼的人看到树上有苹果，他摘下了苹果又留下了苹果。这是为什么呢？

34 大力士的困惑

力量村里出生的孩子都力大无比。其中有一个大力士可以轻易地举起400斤的东西，但有一天，他竟然连一件200斤重的东西都举不起来，请问这是为什么？当然，他没有生病也没有受伤。

35 燃香计时

有两根粗细不一样的香，香烧完的时间都是一个小时。用什么方法能确定一段长45分钟的时间？

36 巧倒粮食

先往一个袋子里装绿豆，用绳子扎紧袋子中部后，再装进小麦。在没有任何容器，也不能将粮食倒在地上或其他地方的情况下，你能先把绿豆倒入另一个空袋子中吗？

37 哪个小球是次品

一家玩具公司生产的一盒玩具球中有4个小球，每个小球都是按照标准的重量制造的。在质检过程中，工作人员发现其中一个小球是次品。现在知道那个次品的重量要比其他合格品的重量重一些，如果让你用天平只称量一次，你知道如何判断哪个小球是次品吗？

38 怎样排队

如果要24个人站成6排，每排分别有5个人，应该怎么站？

荒谬的法律 *39*

古时候，有一个国家的国王为了让更多的男人能有更多的妻子，就颁布了这样一条法律：一位母亲生了第一个男孩后，她就立即被禁止再生小孩。这样的话，有些家庭就会有几个女孩而只有一个男孩，就不会有一个以上的男孩。所以，用不了多久女性人口就会大大超过男性人口了。你认为这条法律可以实现他的"愿望"吗？

40 月亮游戏

让你的朋友把"亮月"这个词迅速说15遍，然后再让他把"月亮"迅速说15遍。等他说完后，你马上问他后羿射的是什么，让他快速回答。

June

					1	2	3
4	5	6	7	8	9	10
11	12	13	14	15	16	17
18	19	20	21	22	23	24
25	26	27	28	29	30	31

41 世纪的问题

请问：2000年6月1日是多少世纪？

42 鸡蛋怎么拿回家

乐乐穿着背心、短裤，抱着篮球回家。路上突然想起妈妈让他买些鸡蛋回家，于是就买了十几个鸡蛋。可是，没有其他的工具，这些鸡蛋他该怎么拿回家呢？

43

CD 的纹路

一张CD唱片转速是100转/分钟，这张CD唱片能运转45分钟。请问：这张CD唱片总共有多少条纹路？

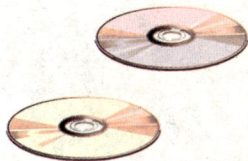

44

极速飞车

有一辆轿车，在全程的最初30秒内以时速150公里行驶。为了让全程的平均时速能保持60公里，接下来的30秒行驶时，时速应该是多少呢？

第二部分

发散思维游戏

发散思维又称多向思维，就是沿着不同的方向、不同的角度思考问题，从各个方面寻找解决问题的答案的思维方式。它具有独特性、变通性、多向性、综合性等特点。

45 古书的厚度

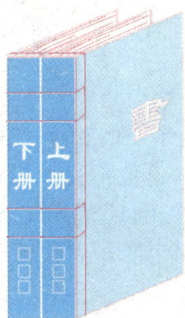

书架上并排放着两本线装古书，分别为上册、下册。这两本书的厚度都是2.5厘米，封面和封底的厚度都是1.5毫米。有一只书虫钻进了书中，它从上册的封面开始啃书，一直啃到下册的封底。你能计算出这只书虫啃了多厚的书吗？

46 汽车和火车同行

竞赛小汽车在什么时候能够和火车同一方向、同一速度前进？

47 胜利的秘诀

桌子上放着15枚硬币，你和你的对手轮流取走若干枚。规则是每人每次至少取1枚，至多取5枚，谁拿走最后一枚谁就能赢得全部15枚硬币。你应该怎样做才能保证一定胜利呢？

48 环球旅行家的话

环球旅行家比尔夏天的时候刚好到达广州，那里正晴空万里。比尔说："早知道这里和那里一样热，我就不用花6个月的时间跑到这里来了。"

你认为旅行家的话正确吗？

本领最高的神枪手

49

如图，一张只有3条腿的桌子上有4个瓶子，3位神枪手聚在一起，欲比一比谁的本事大，他们打算用最少的子弹射倒4个瓶子。甲用了3枪就射倒4个瓶子。轮到了乙，他只用了2枪。神奇的是丙，他只用了一枪就将4个瓶子射倒了。当然，最后丙的本事最高，但你知道他是怎么射的吗？

50

摩托车比赛

达达和乐乐两兄弟经常用爸爸买给他们的摩托车进行双人飙车比赛。爸爸为此感到头痛不已。

有一天，爸爸对他们说："我现在要你们两个进行摩托车比赛，晚到的车主就能够获得出海旅游的机会。"爸爸以为这样就可以阻止他们飙车，没想到比赛一开始两兄弟的车速比以前更快了。

这是为什么呢？

51

哪个冷得快

在同样的条件下，把两杯不同温度的牛奶放到同一个冰箱里，温度高的一杯与温度低的一杯哪个冷得快？

热 温

52

测量牛奶

有一个牛奶瓶，其下半部分是圆柱形，高度为整个瓶高的3/4；其上半部分形状不规则，占瓶高的1/4。现在瓶内只剩半瓶牛奶，在不打开瓶盖的情况下，利用一把直尺，怎样测定这些牛奶占整个牛奶瓶容积的百分比？

注：牛奶瓶的内径在求百分数时可以不计。

53 横竖都是 6

有 10 枚硬币，要求按照"十"字形状排列，使得不论横着或竖着数都是 6 枚。想想该怎么摆？

54 怎样倒水

有一个盛有 900 毫升水的水壶和两个空杯子，一个杯子能盛 500 毫升，另一个杯子能盛 300 毫升。请问：应该怎样倒水，才能使得每个杯子都恰好有 100 毫升水？

注：不允许使用别的容器，也不允许在杯子上作记号。

55 正反都一样的年份

哪一年的年份写在纸上，再把纸倒过来看仍然是这一年的年份数？

56 开关和灯泡

有甲、乙两间屋，甲屋有 3 个开关，乙屋有 3 个灯泡。在甲屋看不到乙屋，而甲屋的每一个开关控制乙屋的其中一个灯泡。怎样可以只停留在甲屋、乙屋各一次，就知道哪个开关是控制哪个灯泡的呢？

57 包青天断案

衙门外传来阵阵击鼓声，包青天细问才知道是两位母亲在争儿子。两个人都振振有词说孩子是自己的，都清楚孩子身上哪个地方有胎记。双方争执不下，很难判断，就来请包青天明察。包青天想：家务事是最难断的，但这两位母亲中必定有一位是假的，何不想个办法试探一下。果然，包青天一说出他的方法，就试探出了哪一位母亲是假冒的。

你猜包青天想出了什么方法？

58 妙进城堡

有一座城堡，城主下了一道命令，不许外面的人进来，也不许里面的人出去。看守城门的人非常负责，每隔10分钟就走出城门巡视一番，看看是否有人想偷着出去或进来。詹姆斯有急事要进城去找他的朋友商量，可是看守城堡的人又那样认真，怎样才能趁守门人不注意时，偷偷进入城堡呢？詹姆斯想到一条妙计，顺利地进入城堡。

你知道詹姆斯是怎样做的吗？

59 取滚珠

科技课上，老师布置了一个有趣的任务：在一段两端开口的透明软塑料管内，装有11颗大小相同的滚珠，其中有5颗是深颜色的，有6颗是浅颜色的(如图所示)。整段塑料管的内径是均匀的，只能让一个滚珠勉强通过。你要想尽一切办法把深颜色滚珠取出来，如果不先取出浅颜色滚珠，又不切断塑料管，深颜色滚珠是不会出来的。那该怎么办呢？

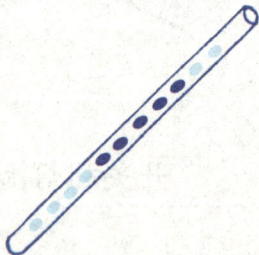

60 反身开枪

有一个士兵，刚学会开枪。现在他用眼罩把眼睛蒙上，手中握一支枪；连长把他的帽子挂起来后，让这个士兵向前走了40米，然后反身开枪，要求子弹必须击中那顶帽子。你知道那个士兵怎样做才能一定击中那顶帽子吗？

61 图形的奥秘

在一张纸上随意画5个图形，你能使这5个图形中的每个图形都与其他4个图形有一条共同的边吗？

62 摆放不规则

左面有4颗摆放很不规则的星星，你能用一个正方形将它们连在一起吗？

63 连点的方法

如图，一笔画出4根直线把9个点连接起来。你能做到吗？

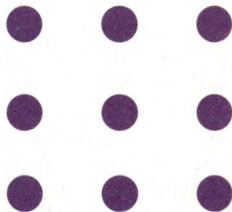

北

西 ? **东**

南

64 房子到底在哪里

地球上有一所房子,当你在房子周围走一圈,要确定4个方向时,会发现四周的方向都一样。那么这所房子到底在哪里?

65 相信不相信

右上方有一个大方框,如果你相信事情会发生,请在方框里填上"是",如果你不相信,就在方框里填上"否"。

然后请看后面的解答去瞧瞧那件事情是什么,看你预测得正确不正确。我敢保证你一定预测得不正确,不信,你就试试!

66 红豆和绿豆

用一个锅同时炒红豆和绿豆,炒熟后往外一倒,红豆与绿豆便自然分开,请问该怎么炒?

67 转换方向

这里用35根火柴排出了一条呈方形的螺旋线。如果从里向外沿这条螺旋线行进,就要按顺时针方向兜圈子。

现在要求移动4根火柴,使图形仍是一条呈方形的螺旋线,不过在从里向外沿这条螺旋线行进时,是按逆时针方向兜圈子。想想该怎样移动?

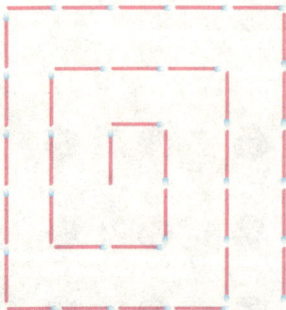

68 胖胖的木墩

院子里有一个正方体的木墩。胖胖想把它切成27块用来搭积木。你猜胖胖最少要切几刀才能完成任务？

69 互相牵制的局面

一块由36个大小一样的白方格组成的正方形白布上，不小心被哪个淘气鬼碰倒了墨水。墨水正好洒在正方形白布的两条对角线处。有位老先生说只要在干净处滴上8滴他特制的药水就可以让墨迹自动消除，但是这8滴药水不能处在同一横行或者竖行线上，也不准在同一条对角线上，如果违反了，整块布都会渗透成黑色。现在，老先生自己滴了一滴，剩下的7滴由你自己想办法解决，你该怎么做？

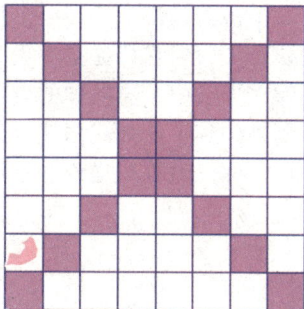

70 斯芬克斯谜题

古希腊有一个神奇的怪物叫斯芬克斯，它上身是一个女人的头像，后面却是狮子的身体。斯芬克斯来到底比斯城后，蹲在一个小山头上，注视着过路的人。每一个进入底比斯城的人都会被它拦住，然后被问一个问题：

世界上有一种动物，这种动物早晨四条腿，中午两条腿，晚上三条腿，腿越多，力量越弱。这是什么动物？

如果行人答不上来，立刻会被它吃掉；如果行人答对了，斯芬克斯就会跳悬崖而死。后来俄狄浦斯回答了出来，为底比斯城除去了一大祸害。你知道应该怎么回答吗？

71 喝酒

在单位聚会上，一个人在喝啤酒，从上午11点喝到下午2点，每30分钟喝完一瓶。问这段时间内，这个人共喝了多少瓶子？

72 机器猫的话

在一个星球上……

机器猫说："在一个星球上，当你扔出一块石头后，它只在空中飞了一小段距离后就停顿在半空中，再向你的方向飞回来，当然它决不是碰到了什么东西被弹回来的。"

你知道机器猫说的是哪个星球吗？

73 环球旅行

有两个人想从北京出发驾驶飞机环球旅行。一个人说：我向着北方飞行，只要保持方向不变，就一定能保证飞回北京。另一个人说：我向着南方飞行，只要保持方向不变，也一定能飞回北京。

他们说的对吗？

74 约翰的体重

"我最重的时候是85公斤，可是我最轻的时候却只有3公斤。"当约翰向别人说这件事情的时候，别人都不相信。

请你想一想，这可能吗？

75 小熊猫的任务

最爱吃竹子的小熊猫今天怀里竟然抱了9根火柴棒。原来，小熊猫是要完成妈妈交给他的任务：用9根火柴棒拼出6个正方形。看来，小熊猫今天是完不成任务了。你能帮帮他吗？

76 美丽的小女孩

如果现在刚出生了一名最美丽的小女孩，那么世界上发生了什么事情？

77 老猴子的点子

两只小兔子在森林里拣到了一堆蘑菇。为平均分配这堆蘑菇他们争吵起来了，最后只好把这个问题交给森林国王老猴子来处理。结果老猴子给它们出了一个绝妙的点子，两只小兔子高高兴兴地均分了这堆蘑菇。

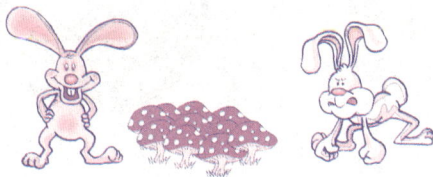

请问：老猴子出了一个什么点子呢？

78 鸡与蛋哪个在先

小明和小华为是先有鸡还是先有蛋争论不休。作为公证人的你，该如何为他们解答这一难题？

79 自驾旅游

小丁和小林每人刚买了一辆新车，周末约定开着新车去自驾旅游。他们同时由同一个地方出发，走的是同样的路线，小林的车没有超速，小丁的车也从来没有超过小林的车。

请问：小丁有可能因超速被开罚单吗？

80 谁的孩子

3个人在一起散步。第三个人说："第二个人是第一个人的孩子。"但第一个人却反驳说："我不是第二个人的妈妈，他也不是我儿子。"他们的话都是事实，那么是谁搞错了啊？

81 缝隙有多大

假定地球是一个极大的标准圆球，现在有一根长绳子，它比地球的赤道周长还要长10米。若用此绳子将地球等距离（在赤道上）围住，那么在地面与绳子之间还有一道小小的缝隙。请问这个缝隙够不够一头猪（高70cm）不用碰到绳子就能走过去（不许跨过去）？

82 买东西

一个哑巴在商店买钉子。他先把右手食指立在柜台上，左手握拳向下做敲击的动作，售货员给他拿来了一把锤子，哑巴连连摇头，于是售货员明白了他想买钉子。哑巴买完钉子后高兴地走了。这时又进来了一个瞎子，他想买一把剪刀，请问他会怎么做？

83 滚动的火柴

拿一根火柴从一米高的地方松手让它下落，你能让它落地后不再滚动吗？

84 火车在什么地方

一列火车由北京开到济南需要四个半小时，行驶两个小时后，这列火车应该在什么地方？

85 来回的疑问

在一个无风的天气里，某人从A地乘摩托车到B地，车速每小时35公里，途中并无坡道，只有一处需要轮渡。过轮渡时并没有等待，车一到就上船了，共用了80分钟。回来时仍是原来的路线，在轮渡处也正好赶上班次，车速也一样。可是到了目的地一看表，却发现走了一个小时又二十分钟，这是怎么一回事？

86 重合的问题

钟表的时针和分针不停地走。问时针和分针在一昼夜中有几次一点不差地重合？

87 如何过桥洞

一条木船通过一座桥洞时，发现货物虽然不多，但装得高了一点，约高出桥洞1厘米。若要卸掉一些货物，无奈货物是整装的，一时无法卸下；若不卸，怎么也过不去。你能够想个简单的办法，在不卸货的前提下解决这个难题吗？

88 读书计划

一个中学生制订了一个读书计划：一天读20页书。但第三天因病没读，其他日子都按计划完成了，问第六天他读了多少页？

89 车应怎样开

一辆汽车在一条笔直的马路上行驶，车头朝南。你如何开车才能使汽车在不转弯的前提下，停在离原来所在地北面3公里的地方？

90 狗狗赛跑

两只狗赛跑，甲狗跑得快，乙狗跑得慢，跑到终点时，哪只狗流汗多？

91 园丁的妙招

公园里新运来一些漂亮的花岗岩，其中一个重达15吨，另外一些小的花岗岩也有150公斤重。现在园丁师傅为了更加美观，想把这块大岩石放到小岩石上，但想要搬动这块15吨重的庞然大物似乎不太可能。刚巧有一位新来的园丁得知此事，两三下就把这块巨石搞定了。你猜新来的园丁想了一个什么妙招？

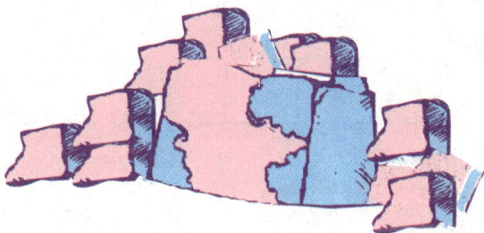

92 巧移火柴

下面是淘气鬼扔下的烂摊子。请你移动其中的一根火柴使等式成立。

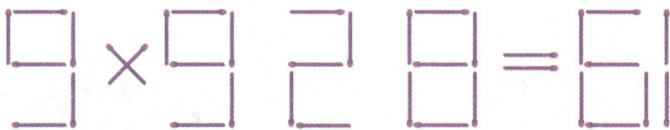

$$9 \times 9 \ 2 \ 8 = 61$$

93 抛硬币

有一枚普通的硬币，可可一共抛了15次，每次都是正面朝上。现在可可想再抛一次，你知道正面朝上的概率是多少吗？

94 要跳多少步（1）

如下图：一排7个方格里，前三格里放有3颗实五角星，后三格里放有3颗空五角星。现在请你任选一种方法：把五角星移到相邻的空格上去，或者跳过旁边的五角星移到旁边的空格上去，但一次只能跳一格。

请问：要使实五角星和空五角星的位置互换至少需要多少步？

	★	★	★		☆	☆	☆

95 要跳多少步(2)

如下图，图标可以移动，也可以跳跃，但每次只能移动或者跳跃一格。现在把 ★▲ 的顺序改成 ▲★ 的顺序（中间 ☆ 的位置不变），至少需要多少步？

★	★		☆	☆		▲	▲

96 单数变偶数

9的罗马写法是IX。请问：如何加上一笔使它变成偶数？

97 为什么没有受伤

阿飞是一位优秀的空降兵。有一次，他乘飞机去执行一项任务。飞机飞上高空不久，阿飞从飞机坐椅上跳了下来，降落伞没有打开。可奇怪的是，他却安然无恙。你知道他有什么神奇的本事吗？

98 弹头不见了

一天晚上，一声枪响之后，富翁乔迪死在了别墅的花园里。警方到现场调查，见乔迪胸口有一处伤痕，是被子弹射中造成的。解剖发现，子弹击中了心脏，伤口有10厘米深，但是，却找不到弹头。

经过警察努力侦查，发现凶手是一名职业杀手。为了在杀人后不留下任何线索，因而他采用了一种特制的弹头，这种子弹头射进人体后会自动消失，而不被警方发现。

你知道这种特制的弹头是用什么做的吗？

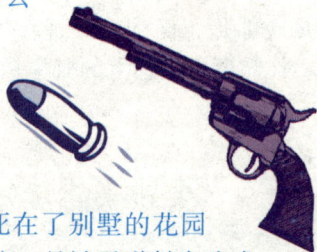

盲人分袜 99

有两位盲人，他们各自买了两双蓝袜和两双红袜。8双袜子的布质、大小完全相同，而每双袜子都有一张商标纸连着。两位盲人不小心将8双袜子混在一起，他们每人怎样才能取回蓝袜子和红袜子各两双呢？

100 天平倾向哪边

这真是一个炎热的夏天，气温高达39℃，西瓜肯定能卖一个好价钱。一个瓜贩子为了好卖瓜，他在天平的一端放了个西瓜，另一边放了一块大冰块，天平刚好平衡。在天平的旁边，他还特意放了一个大冰柜，开始叫卖"冰冻西瓜"。别忙着想吃西瓜，考你一个问题：天平一直这样放着，最后会倾向哪边？

发生在公共汽车上的怪事 101

皮皮乘上一辆公共汽车，他发现买票的人（包括皮皮在内）只占了车上人的1/3，可汽车一直开到终点，司机和售票员也没有向另外2/3的人索要车票。你知道这是为什么吗？

102 旋转的圆圈

3个圆圈每分钟分别转3圈、4圈、5圈。从现在这个状态开始，多少分钟后，可以组成一个完整的三角形？

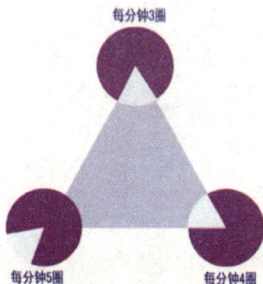

每分钟3圈

每分钟5圈

每分钟4圈

103 拉不开的门

一个人被关在密闭的房间里，只有一扇门，但无法拉开。他该如何出来？

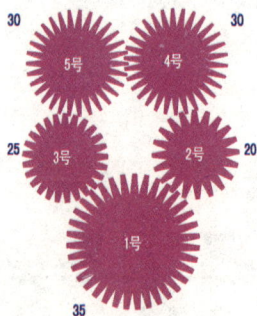

104 连动齿轮

5个组合的连动齿轮，每个齿轮的齿目都标在旁边。如果你转动1号齿轮两圈，5号齿轮会转动几圈？

105 镜子里的影像

想象你在镜子前。请问，为什么镜子中的影像可以颠倒左右，却不能颠倒上下？

106 布满镜子的小房

有一间小房里的四周全部布满镜子，所有的墙面、地面甚至门，没有不是镜子的地方。你走进去，关紧门，将会看到什么现象？

自动飞回的皮球

107

皮皮用力将一只皮球扔了出去，球没有碰到任何障碍物，可奇怪的是，皮球在空中飞了一会儿后，又飞回到了皮皮手中。你知道皮皮有什么本事能让皮球自动返回吗？

108

涨潮

五一期间，皮皮一家去海边游玩，他第一次看到海，充满了好奇，特别是涨潮落潮，简直看得入了迷。他很想知道，涨潮时每小时海水上涨了多少。于是，他想了一个办法，在大游轮的船舷边上放下一条绳子，绳子上系有10个红色的手帕，每两个相邻的手帕相隔20厘米，绳子的下端还特地系了一根铁棒。放下时，正好最下面的一个手帕接触到水面。

涨潮了，皮皮赶紧跑去看绳子上的手帕，并带上表计时。他能测出潮水每小时涨多少厘米吗？

109

司机的妙计

司机接到一个任务，要在天亮前把货柜车送到目的地，不料途中经过隧道时，货柜车却无法前进，因为货柜顶端两个角被圆拱形的隧道口顶住了。货柜是正方形的，无论怎样放置，仍会阻碍前进。

司机左思右想，终于想出一条妙计来，使得货柜车顺利通过了隧道。你知道他用什么方法通过的吗？

110 神奇的超车

爸爸带着皮皮开着新买的小汽车沿湖滨公路游览，皮皮坐在里面别提有多开心了。这时，皮皮从车镜里看到后面有一辆破旧的小货车，开得很慢，像一位老人在艰难地往后倒着走。小货车越走越远，渐渐看不见了，皮皮高兴得在车上手舞足蹈。

湖边的路只有三米多宽，是单行线，皮皮玩累了，一会儿就睡着了。等他一觉醒来，简直不相信自己的眼睛，小货车竟然慢腾腾地开在自己的车前面，它是怎么超过去的？

111 池塘里共有几桶水

一个大名鼎鼎的老学者，居住的小屋旁边有一个池塘，因此想到一个奇怪的问题：这池塘里共有几桶水？这个问题问得稀奇古怪。几桶水？就像问一座山有多少斤一样，谁答得准确？学者的弟子都是出了名的年轻学者，但没有一个能答上来。老学者很不高兴，便说："你们回去考虑三天。"

三天过去了，弟子中仍无人能解答得出这个问题。老学者觉得很扫兴，干脆写了一张布告，声明谁能回答这个问题，就收谁做弟子——免得有人说他的弟子都是一帮庸才。

布告贴出后，一个女孩子大大咧咧地走进老学者的授课大殿，说她知道这水池有几桶水。弟子们一听，觉得好笑，小孩子懂什么。老学者将那问题讲了一遍后，便示意一名弟子领女孩到池塘边去看一下。不料，女孩子笑道："不用去看了，这个问题太容易了。"她眨了几下眼睛，凑到老学者耳边说了几句话。

老学者听得连连点头，露出了赞许的笑容。

那么你能说得出有几桶水吗？

112

到底中了几枪

一天晚上，住在某旅馆里的一位空姐被人枪杀。

凶手是从 30 米外对面的屋顶用无声手枪射中她的。

窗户是关着的，窗子上有一个弹洞。从这一迹象看，凶手只开了一枪。但奇怪的是，被害者的胸部和腿部都中弹了——大腿被子弹射穿，胸部也留有子弹。这样看来，凶手好像开了两枪。如果凶手开了两枪，那么另一颗子弹是从哪里射入被害者的房间的呢？这颗子弹又在哪里呢？

大家无法回答，于是去请教大胡子探长，他肯定地回答：中了一枪。

大胡子探长为什么这样说呢？

113

48 变 50

"清泉矿泉水公司"生意很不错，不过最近有一件麻烦的事：公司最初设计的纸箱可以每排放 8 瓶，共 6 排，一箱可放 48 瓶，但是现在客户都反映放 48 瓶不好计算，必须改成每箱 50 瓶。如果要满足客户的需要，公司只能把做好的几千个箱子不用，再重新做新的箱子，造成很多浪费。一个负责洗瓶子的工人却说其实原来的箱子也可以放 50 瓶的，但没有人相信。如图，你认为这个箱子真的能放 50 个瓶子吗？

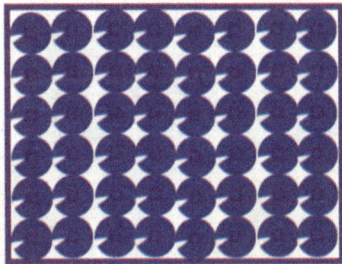

第三部分

想象思维游戏

丰富的想象力对创新思维至关重要。爱因斯坦认为："想象力比知识更重要，因为知识是有限的，而想象力概括着世界上的一切，推动着人类的进步。"

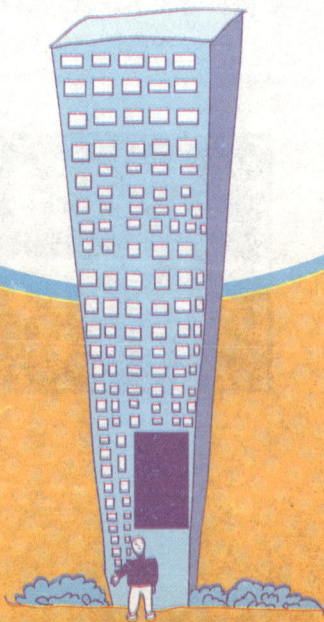

114 分衣服

有两位盲人，他们各自买了两件黑衣服和两件白衣服，衣服的布料、大小完全相同。现在4件衣服混在一起，他们要怎样才能取回自己的衣服呢？

115 橡胶藏在什么地方

在一家提炼橡胶的工厂，经常发生工人偷运橡胶倒卖的事件。工厂的负责人为了防止橡胶被偷运，特意雇用了保安人员，对下班出厂的车辆、工人进行严格检查。

这一天，保安部接到举报，说今天有人要偷运橡胶出厂。保安人员立即行动起来，对来往行人、车辆都十分认真地进行检查。这时，一辆满载胶桶的货车准备驶出工厂大门，保安人员检查时，发现车上装的只是一些空胶桶，并没有发现橡胶装在里面，就准予货车驶出工厂。过了一会儿，举报人又打来电话，说："刚才出去的那辆车已把橡胶偷运出厂了。"说完就挂掉了电话。保安人员十分不解，他们对货车进行了全面检查，橡胶被藏在什么地方呢？亲爱的读者，你能想得到吗？

116 过桥洞

一辆载满货物的汽车要通过一个立交桥的桥洞，但是汽车顶部比桥底要高，强行通过就会损坏货物。你能够想办法解决这个难题吗？

117 激发想象力

让你的朋友迅速做出反应，很快地说"牛奶"这个词15遍，在这个过程中，让他把"牛奶"与"母牛"联系起来。然后，让他不假思索地回答下一个问题"牛喝什么?"，他的回答一定能让你大吃一惊。不信就试一试!

118 为什么不让座

在一个以文明礼貌而著称的城市，有一个残疾人上了公交车后，却没有人让座。车上的每个人都是非常有礼貌的，并且他们也都非常反感不给"老弱病残孕"乘客让座的行为，可是，他们为什么不给这位残疾人让座呢?

119 有多少土

工人在山腰挖了一个大洞，洞深10米，宽1.5米，高2米。请问：洞里面有多少立方米的土?

120 飞行员的姓名

你是从上海飞往深圳的一架飞机上的飞行员。上海距离深圳比较远，飞机以每小时900公里的速度飞行，要飞1小时40分钟左右。有一次，由于天气原因，这架飞机中途做了一段时间的停留。请问这位飞行员的名字叫什么?

121 鸡蛋不破

你拿一个生鸡蛋，让它自由下落。在地上没有任何铺垫物的情况下，你能够使鸡蛋下落1米而不破吗？

122 古铜镜是真的吗

张老先生喜欢收藏一些古玩意儿，他没事的时候就到旧货市场上转转。这天，他看到一位年轻人拿着一面古铜镜在市场上叫卖，镜子上铸有"公元前四十二年造"的字样，张老先生不用请专家就知道这面古铜镜是假的。你知道为什么吗？

123 谁在挨饿

动物园里有两只熊，雄熊每天要吃30斤肉，雌熊每天要吃20斤肉，幼熊每天吃10斤肉。但每天饲养员只买回来20斤肉，那就意味着会有熊挨饿，对吗？

124 哪一杯是水

两个杯里分别装有一种无色、无味、不能相互混合并且比重不同的液体，其中一种液体是水。请问：用什么方法才能把水辨别出来（不能亲自去尝，有可能是有毒的化学试剂）？

125

黑夜看报

在漆黑的夜里，有一个人在房间里看报纸，这时，突然停电了，屋里伸手不见五指。但那个人仍能继续读，一点儿也不受影响。这到底是怎么回事？

126

翻硬币

桌上放有5枚币值朝上的硬币，如果每次只准翻动2枚硬币，问翻动几次，可使这5枚硬币的国徽一面都朝上。

127

最先到达的地方

哥伦布冒险航海绕地球时，最先到达的地方是现在的哪里？
A.不知道　B.美国东北部　C.中美洲群岛　D.巴西　E.非洲好望角

128 外国人与中国人

有一个人到外国去了，可是他周围的人都是中国人，这是什么原因？

129 火柴棒难题

妈妈最喜欢用火柴棒来考佳佳。有一天，妈妈在桌上用火柴棒摆了这样一个图形（如右图），要求佳佳只能动3根火柴棒把右面的7个正方形变成5个正方形。佳佳想了半天也没有想出来，你知道应该怎么做吗？

130 穿越森林

一个探险家在前进的途中遇到一片广袤的森林。请问他最多能走进森林多远？

131 摔不伤的人

有一个人从20层大楼的窗户上往地面跳，虽然地面没有任何铺垫物，可是他落地后却没有摔伤。这是怎么回事？

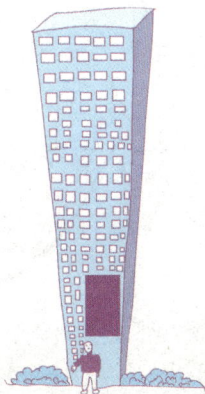

132 还有几条活蚯蚓

汤姆钓鱼时喜欢用蚯蚓当鱼饵。这天，他共抓了5条蚯蚓，后来分鱼饵时把其中2条蚯蚓切成了2段。这时，汤姆还有几条活蚯蚓？

133 究竟出了什么问题

有一天，路路感冒了去找内科大夫，精神科医生却从里边拿着药出来了。这究竟是出什么问题了呢？

134 到底是星期几

如果今天的前5天是星期六的前3天，那么后天是星期几？你能算出来吗？

135 先喝到杯底的饮料

满满一瓶饮料，怎样才能先喝到瓶底的饮料呢？

快速反应 *136*

如果圆形是1，那么八边形是多少？

137 油漆的颜色

杰克想把花园里的篱笆涂上黄色的油漆，但是家里只有红、绿、蓝3种颜色的油漆，他应该怎么做呢？

138 烤饼

有一种烤锅一次只能烤两张饼，烤一面所需要的时间是1分钟。你能在3分钟的时间里烤好3张饼吗？

注意：饼的两面都需要烤。

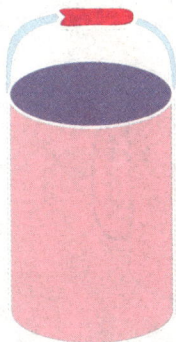

有多少水 *139*

有一个圆柱形的水桶，里面盛了一些水。林林看了说，桶里的水不到半桶；可可则说桶里的水要多于半桶。现在要求不使用其他工具，你能想出办法判断他们俩谁对谁错吗？

140 最后的赢家

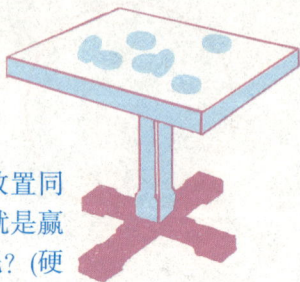

有一张正方形的桌子，两个人先后在桌子上放置同样大小的硬币。谁能在桌子上放最后一枚硬币谁就是赢家。如果让你先放，怎样做才能保证你一定能赢呢？(硬币不能叠放)

如果把桌子换成长方形、菱形、圆形或者正六边形呢？

141 冰上过河

一个寒冷的冬天，一支部队来到了松花江边上，可即使是冬天，松花江面还只是结了一层薄薄的只有五六厘米厚的冰，冰上面覆盖着一层雪。很明显这样踩在冰面上是很危险的，只有等到冰层达到七八厘米才会安全。大家正着急的时候，一位新来的士兵想出一条妙计。部队只等了一会儿，冰层的厚度就达到了8厘米以上。你知道他想出了一条什么妙计吗？

142 喝了多少杯咖啡

客人来到一家餐厅，要了一杯咖啡，当喝到一半时又兑满开水；又喝去一半时，再次兑满开水；又经过同样的两次兑水过程，咖啡最终喝完了。

请计算这位客人一共喝了多少杯咖啡？

143 两岁山

在某一个国家有一座高山，海拔为12365英尺。当地人根据这一数字，称它为"两岁山"。你能想到是什么原因吗？

144 取出药片

平平感冒了，医生给他开了一瓶药片。药瓶是用软木塞子密封的。在不拔出瓶塞，也不在上面穿孔的情况下，能从完好的瓶子里取出药片吗？

145 葱为什么卖亏了

一捆葱有10斤重，卖1元钱一斤。

有个买葱人说："我全都买了，不过我要分开称，葱白7角钱一斤，葱叶3角钱一斤，这样葱白加葱叶还是1元，对不对？"卖葱的人一想，7角加3角正好等于1元，没错，就同意卖了。

他把葱切开，葱白8斤，葱叶2斤，加起来10斤，8斤葱白是5.6元，2斤葱叶6角，共计6.2元。

事后，卖葱人越想越不对，原来算好的，10斤葱明明能卖10元，怎么只卖了6.2元呢？到底哪里算错了呢？

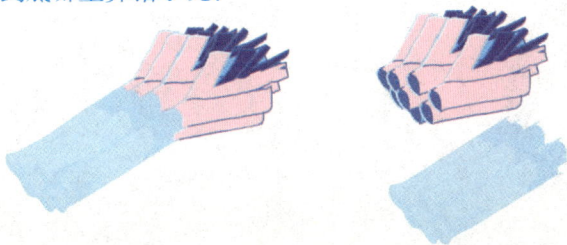

146 爬楼梯

甲乙两人比赛爬楼梯，甲的速度是乙的两倍，当甲爬到第9层时，乙爬到第几层？

147 真花和假花

山脚下春意盎然，蝴蝶和蜜蜂在花丛间飞舞着，养蜂人的妹妹拿来两朵一模一样的花让哥哥猜哪一朵是真花，哪一朵是假花。但只能远远地看，不能用手去摸，更不能去闻。

如果是你，你该怎么办？

148 巧移乒乓球

可可与贝贝在打乒乓球的时候，乒乓球掉进一个干燥光滑的水杯里，这时可可想到一个办法：在不接触乒乓球、不碰撞杯子、不用其他任何工具的情况下，就把乒乓球弄了出来。你知道他是怎么做到的吗？

149 爸爸的考题

有一次在吃晚餐时，爸爸出了一道难题考牛牛。爸爸拿出一个鸡蛋说："牛牛，你能把这个鸡蛋立在桌子上吗？"

牛牛左立右立，怎么也立不起来，只好向爸爸求教。而爸爸轻而易举地就把鸡蛋立起来了。你知道怎样才能做到吗？

150 怎么过桥

一辆汽车坏了，被另一辆汽车用钢索拖着前进。但在行进中，路遇一座桥梁。桥头的标志牌上写着：最大载重量30吨。然而，前面的汽车重20吨，后面的坏汽车重15吨，明显超过了桥的载重量。你能想办法帮它们通过这座桥吗？

151 提示猜想题

我说五句话，你能找出我说的是什么吗？

A. 用中文表达是5个字。

B. 地理名词。

C. 900万平方公里。

D. 三毛。

E. 干草原、沙丘、矿质荒漠。

现在你知道了吗？

152 浓烟飘向哪个方向

在铁轨上，有辆电动机车以每小时100公里的速度向前正常行驶。迎面的大风以每小时30公里的速度刮过来。现在有一个问题要考考你：你知道从车头冒出的浓烟会以什么速度飘向哪个方向吗？

153 大胆想象

想知道你的想象力有多丰富吗？这儿就有一个检测你的想象力的难题：请观察右面一组图形，充分发挥你的想像力和创造力，看它像什么？

154 怎样架桥

A、B两地在一条宽10米的河两岸，两地的水平距离为200米。如何在河上架一座桥，使从A地到B地的距离最短，并且桥不能是从A到B的斜桥呢？希望你能发挥最大的想象力，你想象得到的都有可能。

第四部分

观察思维游戏

观察力具有敏锐性，即对新奇的事物以及事物的微小变化都可以作出快速反应。

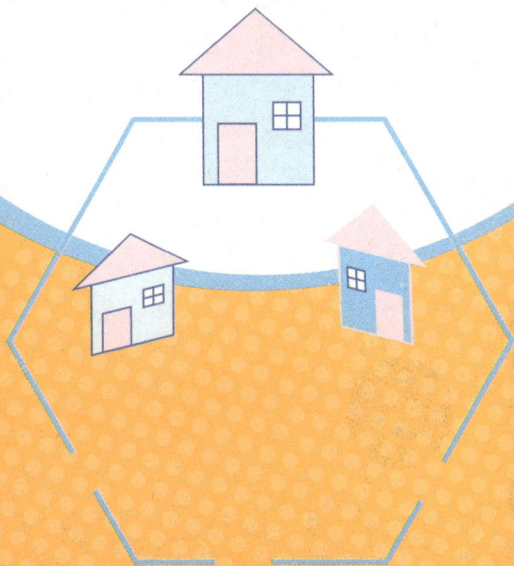

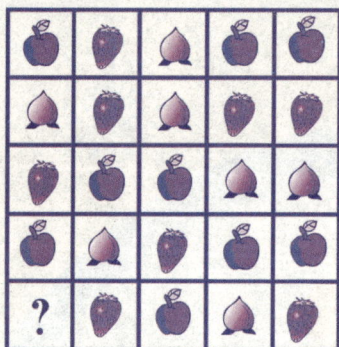

这是什么?

155 该放哪一种水果

在图中的25个空格里,有苹果、草莓和桃子3种水果。这3种水果按照一定的规则有序地摆放在空格里。请你好好看看它们摆放的顺序,说出问号处空格里放的是哪一种水果。

156 该填什么数字

如图所示,想想问号处该填入什么数字?

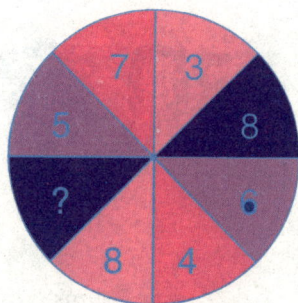

157 正方形的头巾

左面这块带刺绣的正方形的头巾是由很多个小正方形组成的。你能数出头巾中共有多少个正方形吗?

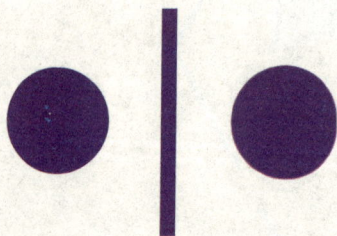

158 黑度的区别

左边的圆和右边的圆的黑度是一样的吗?

159 一笔成图

右边这6幅图有一些是可以一笔画出来的，有一些是不能一笔画出来的。你能判断哪些图能一笔画出来，哪些图不能一笔画出来吗？要求是不能重复已画的路线。

160 拼积木

这5块积木可以组成汉字"上"，你知道应该怎么拼吗？

161 不成立的等式

下面的不成立的等式是由14根火柴组成的。请你只移动其中一根火柴，使等式成立。

162 流动的竖线

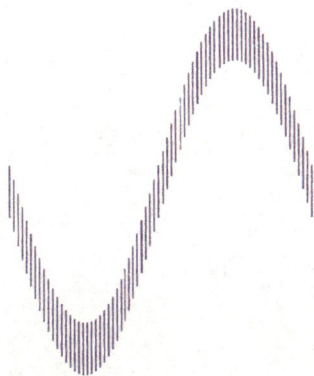

在下面这些流动的竖线中，你能找出最长的一条吗？

163 找关系

右边3组数字中，每一组数字都有一个相同的条件。你能猜出这3组数字间有何种关系吗？

1 3 8 7

2 4 6

5 9

164 数图形

放暑假了，马琪琪来到乡下姥姥家。她中午睡不着觉，看着姥姥家的窗棂，发现里面有许多正方形、长方形、三角形，却怎么也数不清，你来帮她数一下吧。可要仔细喽！有些图形很善于伪装，一不小心就会漏掉它们。

165 微笑的女人

花几秒钟看看这张微笑女人的脸，然后再把书上下翻转，你就会有惊人的发现。请指出图中两处错误各是什么？

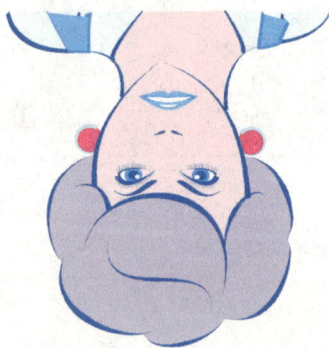

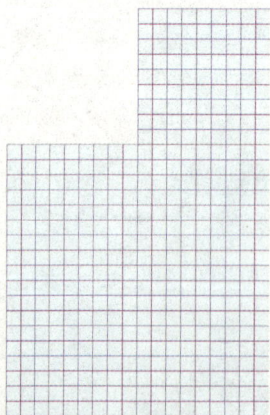

166 残缺变完整

用两条直线把左边这个残缺的正方形切成3块，使这3块能重新拼成一个正方形。

167

谁不一样

下面5种物品中，有哪一种与其他4种物品不一样？

锯、牙刷、梳子、钳子、叉子。

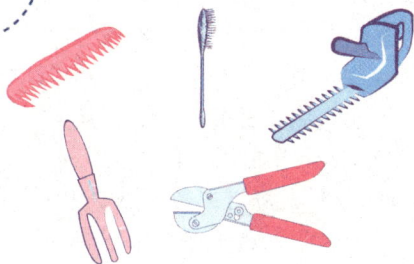

168

聪明的柯南

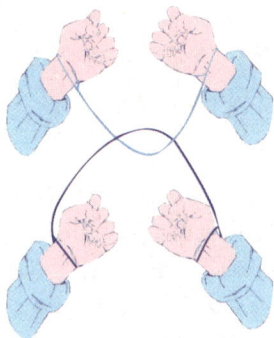

一帮歹徒把大侦探柯南和他助手的双手绑在一起后（如图）就离开了。歹徒们以为柯南是逃脱不掉的，但聪明的柯南没有利用任何工具毫不费力就解开了绳子，摆脱了困境。你知道他是怎样解开绳子的吗？

169

反方向运动的猪和鱼

请你移动最少的火柴，分别满足以下的要求：
① 让猪往反方向走。
② 让鱼往反方向游。

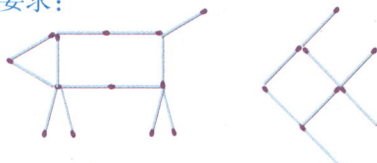

170

三分土地

美国有一个农场主，家里有一块地，形状如右图。他有3个儿子，儿子长大后，农场主决定把地分成3份给3个儿子。要求不仅面积一样大，形状也得相同。你知道得需要增加几根火柴才能按要求摆出分地示意图吗？

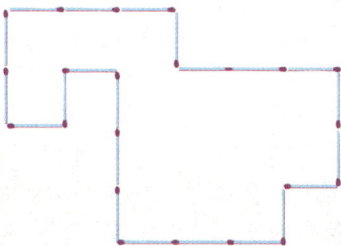

171 贪心的老鼠

每间房里都有一块点心。一只贪心的老鼠想一次吃完所有的点心后，从A门出来。请问老鼠从1~8中的哪扇门进去，才不走重复路线（每间房只允许进出各一次，并且不许从同一扇门进出）？请你帮老鼠想一想该怎么走。

提示：从唯一的出口A门倒着向前寻找路线，这样成功率就高一点。

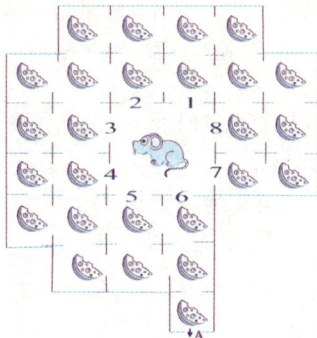

172 联邦调查局的难题

联邦调查局最近接到一份恐怖分子发来的密函（如左图）。破译组的成员连夜对其进行解密，从古罗马文化联想到古巴比伦文化，再到古埃及的符号，用各种各样的方法和假设都没能解开谜底。一天，一位新来的助手得知此事后，随手拿起这份密函，希望能从中找出一点蛛丝马迹。果然，不到一分钟，新助手告诉大家：这是一份类似于恶作剧的挑衅书，目的是转移联邦调查局的视线。

你知道新来的助手发现了什么秘密吗？

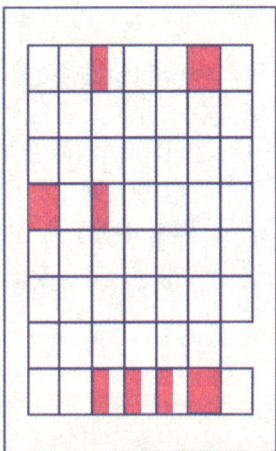

173 不和谐的邻居们

有3户人家合住在同一个小院里（如右图所示），但他们总是吵架，住得都很不开心。住在大房子的主人最先采取措施来改变这种状态——从他家的门口到图中下方修了一条封闭式的小路。住在右边房子里的主人也不甘示弱，他修了一条路，通到左边的大门。最后，住在左边房子的主人也修了一条路，通到右边的大门。但令人惊奇的是，这几条路都互不相交。你能正确地画出这3条路吗？

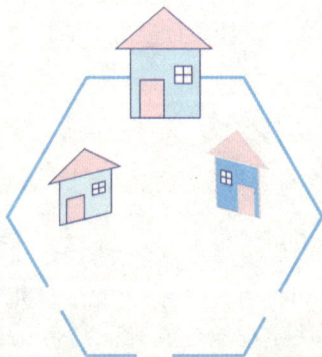

174

考考你自己

如右图所示，你知道表格中的问号应填入什么数字吗？

A	B	C	D	E
6	2	0	4	6
7	2	1	6	8
5	4	2	3	7
8	2	?	7	?

7	1	4	4	4	3
3	5	5	3	5	2
5	5	1	3	5	0
1	4	3	2	0	5
3	0	4	5	6	4

175

划分区域

请尝试将左边方格划分为6个完全相同的部分。要求划分后的每个部分中，所有数字之和必须等于17。

176

巧手剪纸

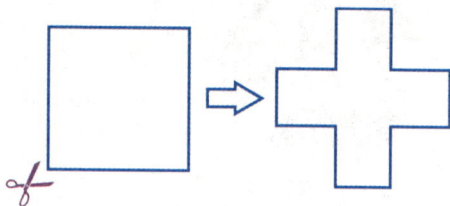

张大妈有一双灵巧的手，她最喜欢的是剪希腊十字架。但她剪的十字架和别人的不一样，只需一张正方形的纸，用剪刀把它剪成5块，就做成了一个希腊十字架。你知道张大妈是如何剪的吗？

177

圆点不见了

这是世界上最简单的问题。这个问题只要用一双眼睛就可以办到。

不要用手和任何工具，请让这页上的圆点消失，但三角不能消失，不能用纸遮住或者用涂改液涂掉。

178 奇妙的莫比斯环

图1

图2

图3

拿出一张长纸条，将其中一端翻转之后，再把两端连接固定，形成1次的纸环，即莫比斯环(如图1)。莫比斯环最妙的不是如何形成，而是在不断的剪切中，它的无穷变化令无数的人倾倒。

先把转折1次的纸环沿着宽度1/2处剪开(如图中的虚线)，这样会形成一个两倍长度、转折2次的纸环(如图2)。接下来把转折1次的纸环从宽度为1/3处剪开成三等份后，会出现什么情况呢？请先仔细思考，然后再自己实践。

179 一笔勾图

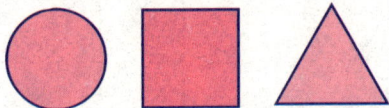

右面3个图，你能一笔勾出的有几个？

A　B　C　D

180 找缺失的部分

这4块图形若拼凑得当，应能构成一个圆形，但现在缺了一块。请从A、B、C、D中找出缺失的那一块。

181 两位数学老师

两位数学老师相对坐在办公室看同一份作业，她们为了其中的一道题目争得面红耳赤，其中一个说："这个等式是正确的。""不，这完全是错误的。"另一个说。

请问：她们看的是一个什么式子呢？

182

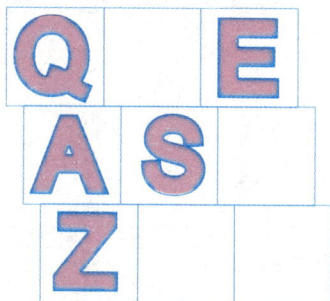

测测你的观察力

仔细看左表，试将其填写完整。

183

最高的人

仔细看右边的图，3 个人中，最高的是哪一位？

184

没有办法完成的作业

数学课上，老师开始布置课堂作业，他说："请同学们把课本翻到 35 页和 36 页之间，完成那页上的几道练习题。"

班上学习最好的约翰听了以后，连题都没有看，就对老师说："您布置的作业根本就没有办法完成。"

你知道怎么回事吗？

185

可以看出几个靶子

这是叠放在一起的很多个靶子，假如每一个靶子都至少有一部分能让你看见，在这里你最多可以看出几个靶子？

186 愚昧的贵妇人

从前，有一个贵妇人的脖子上挂着一个特别大的钻石项链。这条项链的挂坠上镶有25颗呈十字架排列的钻石。拥有这件无价之宝的贵妇人平日里最喜欢清点十字架上的钻石，她无论是从上往下数，还是从左往上数或者从右向上数，答案都是13。但是，无意间贵妇人的这三种数法被工匠师知道了。当贵妇人拿着被工匠师修理好的挂坠，当面清点完回家后，工匠师正看着手里从挂坠上取下的钻石偷偷乐。

你知道工匠师在哪个地方动了手脚吗？

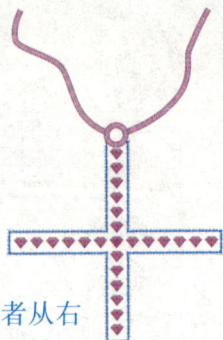

187 该涂黑哪个

左图是由10个方框组成的一个大三角形。现在请你把其中的4个方框涂黑，使得没有任何地方能构成等边三角形。你知道该涂哪4个吗？

188 怎样分才公平

兄弟4人继承了老财主的遗产，遗产共有如图所示的土地、4棵果树和4所房子。遗嘱上注明要公平分配。请问：怎么分才能让4位兄弟每人都分到相同面积的土地，并且每人都有一所房子和一棵果树？

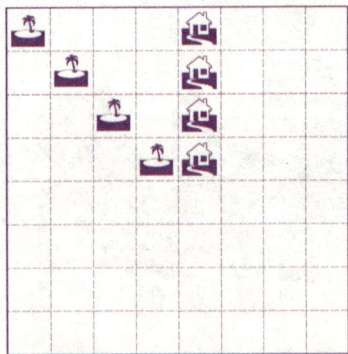

189 14个正三角形

如右图，有4个正三角形，你能否再添加一个正三角形，使之变成14个正三角形呢？

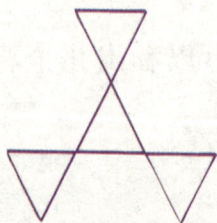

190

奇形怪状的木板

丁丁家有一块奇形怪状的木板（如左图）。一天，爸爸想让丁丁把它拼成一个正方形，前提是只能锯两次。丁丁看了半天也不敢动手，你能帮帮丁丁吗？

2 5 7
4 7 5
3 6 ?

191

缺少什么数字

仔细看左图，请填出缺少的数字。

192

围墙

右图是一个用35根火柴棒组成的围墙。请你在围墙内挪动4根火柴棒，拼成4个封闭的大小不一的正方形。

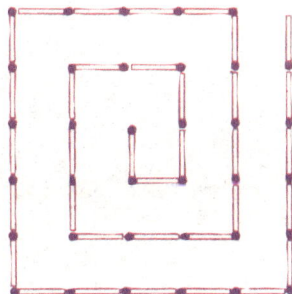

193

走围城

请将以下条件分析清楚，找到正确的出路。起点和终点都是用→来表示的。

① 在各行（横着排列的）必须通过的房间的总数量，根据该行左边正对着的数字来确定；在各列（竖着排列的）必须通过的房间的总数量，根据该列上边正对着的数字来确定。要求刚好能满足这些数字来走完路途。

② 曾经走过的房间不能再重复通过，而且，不能在同一个房间里折返（走U字形）。

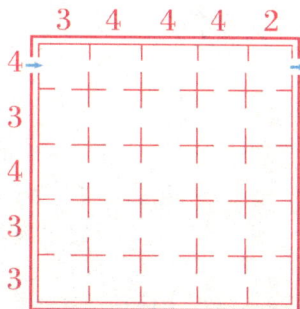

3 4 4 4 2

4
3
4
3
3

194

2变8

不准把火柴折断，用两根火柴拼出8个三角形。想想该怎么做？

195

数学天才的难题

杜登尼是一位数学天才，这是他所提出的一个非常难解的七边形谜题。请在右图中填入1到14的数字（不能重复），使得每边的三个数之和等于26。

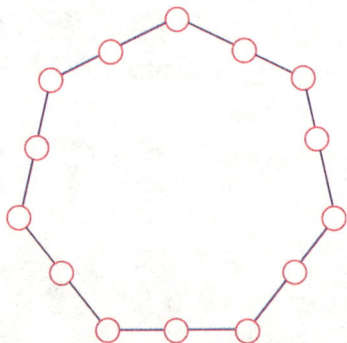

2	9	6	24
6	7	5	47
5	6	3	33
3	7	5	?

196

复杂的表格

仔细看表格，然后说出表格中的问号该填什么数。

197

数字方块游戏

在每一行、每一列，以及这个数字方块的2条对角线，都包含了1、2、3、4几个数字。在这个数字方块里，已经标示了部分数字。你能根据这一规则把方框填写完整吗？

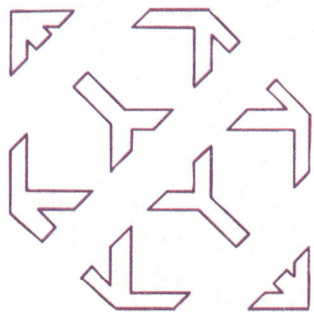

198 考眼力

为了考验你的眼力，请仔细看左面这张图，想想看它是什么？

199 顽皮的猫

有一只猫非常顽皮，爬到桌子上把挂钟摔成了两半，两个半块钟表面上的数字之和恰巧相等。请问：钟表到底是从哪里裂开的呢？

200 数字哑谜

这是一个数字的哑谜。请在右面打问号的地方填入适当的数，且说出图中的图形分别代表什么数字。

$$\Box + \Diamond \quad \blacksquare = 6$$
$$\blacksquare - \triangle + \Box = 3$$
$$\Diamond \times \Box \times \blacksquare = 140$$
$$\Diamond + \blacksquare + \Box = ?$$

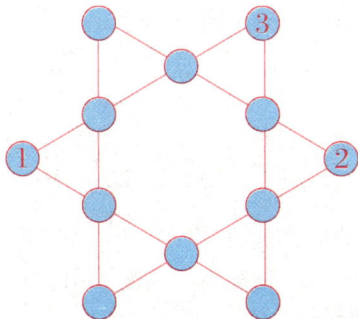

201 补充六线星形

请在○里各填入一个从1到12的数字，使各个边上的○内的数字之和为26。已经写入的数字不能移动。

202 找规律

下面是一组被打乱的数，在被打乱之前它们之间有一个非常有趣的规律。你试着找找看，然后按其规律重新把下面的数排列起来。

3 5 13 21 1 1 2 8

```
5      0      6      2
   18            15
4      8      5      7
```

```
9      5
    ?
6      9
```

203 举一反三

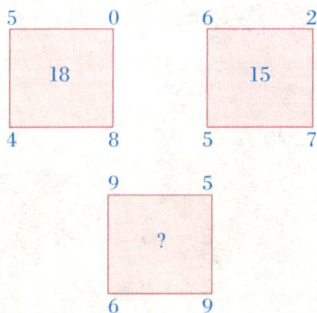

根据范例，请在左图的问号处填入合适的数字。

204 神奇的折纸

乍一看，把纸折叠成这种效果是不可能的。可是，如果你的脑子里有正确的思路，将纸折成这样的效果是轻而易举的。试试看，只允许把一张长方形的纸片剪开两处，不允许使用胶水和胶带，你能不能做到呢？

205 摆三角形

有3根木棒，分别长3厘米、5厘米、12厘米，在不折断任何一根木棒的情况下，你能够用这3根木棒摆成一个三角形吗？

3厘米

5厘米

12厘米

206 切正方形

一个正方形的桌面有4个角，切去一个角，还剩几个角？

不要过于轻率地认为这是一个简单的减法，仔细想一想，会有什么样的结果呢？

提示：有3种切法。

207 镜子里的影像

在照镜子时，你在镜子中的影像与你自己相比，左右颠倒了方向。比如你的左手，在镜子中就成了你的右手，而你的右手在镜子中则成了你的左手。由此看来，镜子中的影像是可以左右颠倒的。

但是如果你在镜子前面侧身躺下，你会发现镜子中的影像并没有左右颠倒，比如你头和脚的位置看上去依然与你躺下的实际方向是一致的。为什么又不会出现左右颠倒的情景呢？

208 错位的眼睛

仔细看左图，观察她的眼睛错位了吗？

209 开环接金链

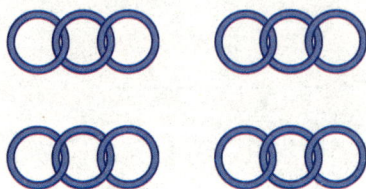

有四段3个环连的金链着，要设法将它们连成一个金链圈，至少要打开几个环？

210 倾斜的线条

仔细看一看，左图中竖直的线条是倾斜的吗？

211 角度排序

不要使用量角器，下图中哪一个角最大？哪一个角最小？你能按从小到大的顺序排列一下吗？

212 大于3，小于4

用3根火柴摆出一个符号，要大于3，小于4。应该怎么摆？

213

巧划分(1)

请在右图中画3条直线，将图分割成6个部分，使每一部分中有1条鱼和1面小旗，并按顺序各有0～5个鼓和雷电，线条不必从一边画到相对的另一边。

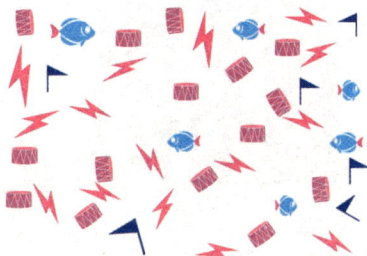

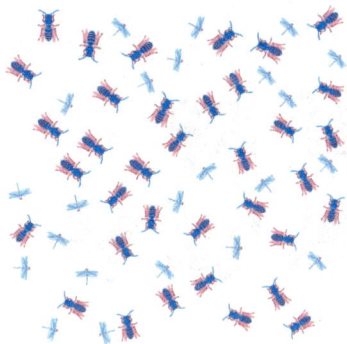

214

巧划分(2)

请在左图中画4条直线，将图分割成8部分，使每一部分中有3只蜻蜓，并按次序各有1～8只蜜蜂。

215

火柴变形

图中用12根火柴排成6个正三角形，每次移动2根，使图中的正三角形分别为5、4、3、2个。该如何去移动？

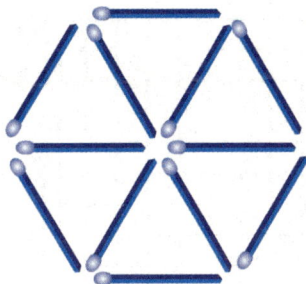

216

系绳子

小可有红、蓝、黄3根绳子。现在红、黄2根已经系好了一个绳结，在不许解开已经系好的绳结的前提下，你能否把蓝绳按红、蓝、黄的顺序系好呢？

217 聪慧的木匠

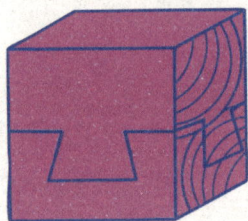

一位聪慧的木匠把两个积木切割成左图的形状。当然，反面也是同样的外观。

你知道这位木匠是怎么切割的吗？

218 取代图形

仔细观察右图，然后思考可以取代图4位置的图形应是A、B、C、D中的哪一个？

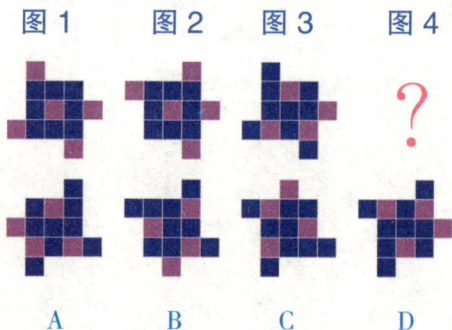

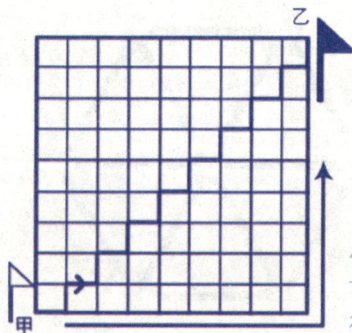

图1　图2　图3　图4

?

A　　B　　C　　D

219 谁走的路短

一座小城里有许多纵横交错的街巷。皮皮、琪琪两人要从甲处出发步行到乙处，琪琪认为沿着城边走路程短些，皮皮认为在城里穿街走巷路程短。你认为他俩谁的路程短些？

220 哪个图形不同

右边4个图形中有一个与其他3个不同，请找出来。

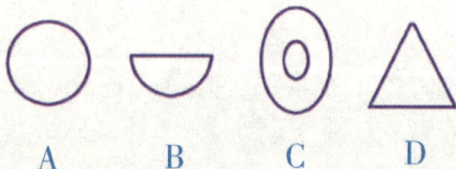

A　　B　　C　　D

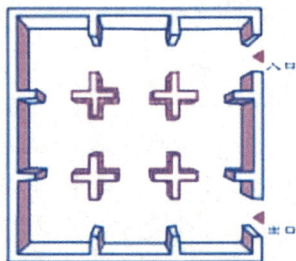

221 办公室平面图

这是一幅从办公室上方所看到的平面图。你能只转向2次就通过所有的房间吗？

222 保持平衡

请问：图中的问号处填什么符号，才能与左面的符号保持平衡？

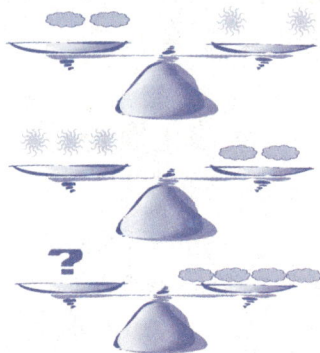

223 不一样的图形

右面5幅图，有1幅与其他4幅不一样，你能挑出来吗？

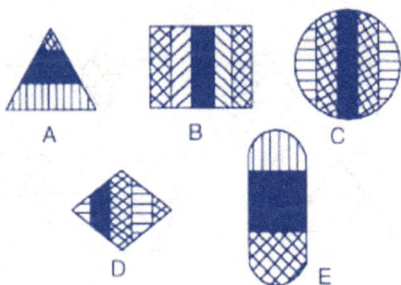

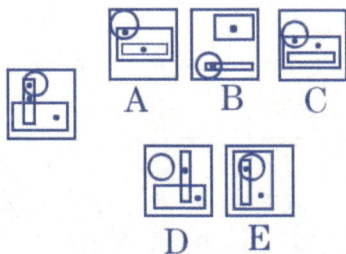

224 哪一个图形相似

左图中，A、B、C、D、E五个图形中哪一个图形加上一点与最左边的图形相似？

奇妙的摩比斯带

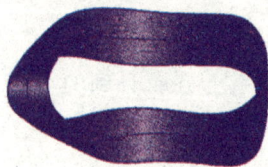

225

一条纸带应该有两面。如果把纸带一头的正面和另一头的反面粘在一起，就成了一个纸圈。你能把这个纸圈的一边涂成红的、一边涂成绿的吗？

比周长

226

如图，大圆中有4个大小不同的小圆A、B、C、D，小圆两两外切，且4个小圆的圆心都在大圆的一条直径上，A圆和D圆与大圆内切。请问，4个小圆的周长之和与大圆的周长比较，哪个长？

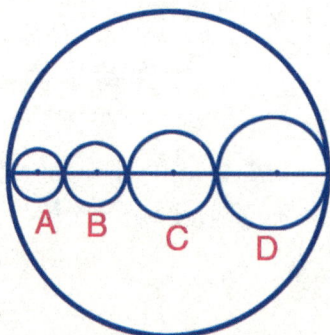

哪个不合群

227

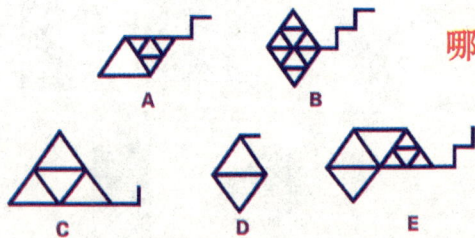

在这5幅图中，哪一个是不合群的？

哪只鸭子先上岸

228

图中的两只鸭子哪只先上岸？小提示：这两只鸭子有什么不同？想一想，就会明白。

229 找不同

在A、B、C、D、E五个图形中，哪一个是不合群的？

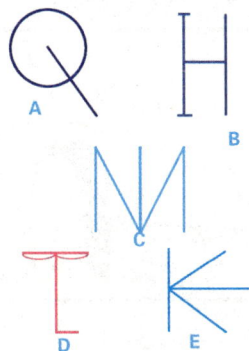

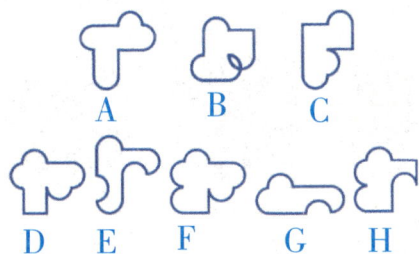

230 找对应

A与B相对应，同理，C与D、E、F、G、H之中的哪一个相对应？

231 变脸

图中头7个脸面形象的变化有一定的规则。最下面的A、B、C三图中，哪一个是符合这一规则的第八个形象？

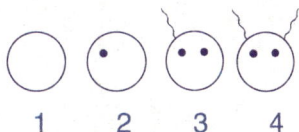

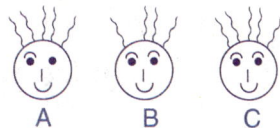

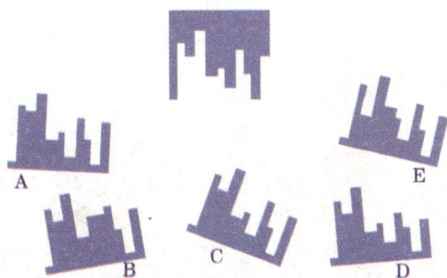

232 图形互补

请问A、B、C、D、E这五个图形中，哪一个跟这组图上面的图形互补？

矫正视觉

233

仔细观察左图，然后作判断：
①图中两个门一样大吗？
②马路与房子的一面平行吗？

234

缺少哪一块

右图中最后一个轮子缺的应是哪一块？

下一朵花是什么样子

235

这组花形序列的下一个应是什么样子？

236

哪一个是鸭子的影子

A、B、C三幅图中，哪一幅是左面图形的影子？

A   B   C

237 不属于同类

下边四组物品中，每组都有一个与其余3个不同的物品。你能挑出来吗？

(1) 西红柿、苹果、桃子、香蕉；
(2) 菜刀、水果刀、案板、剪刀；
(3) 山羊、黄牛、梅花鹿、老虎；
(4) 二胡、吉他、小提琴、笛子。

238 哪根绳子没打结

找出右图中哪几幅图形绳子没打结。

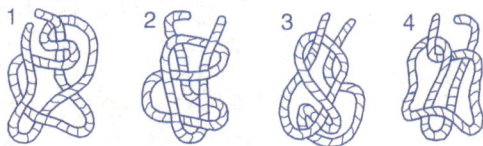

239 共有多少条路径

依照图中的箭头方向，从起点走到终点共有多少条路径？

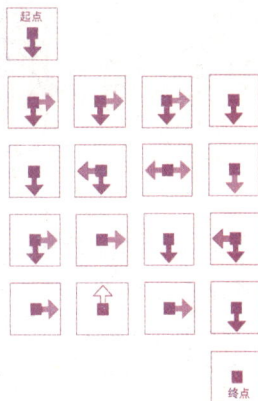

240 寻找五角星

你能在图中找到一颗标准的五角星吗？

241 哪一个图案是多余的

哪一个图案是多余的？你知道它为什么多余吗？

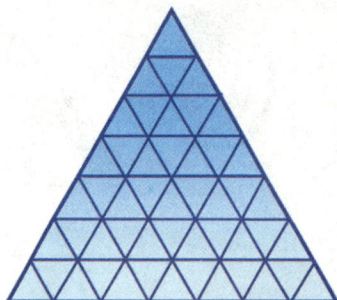

242 数数看

左图中各有多少个三角形？

243 智力检测表

想知道你的记忆力有多好，你的注意力有多集中吗？那么，请你仔细看右图，然后用最快的速度从1查到100。如果你在15分钟内找完，说明你的记忆力和注意力very good；如果在25分钟内找完，说明你还行；如果你超过了35分钟，那你的记忆力和注意力有问题哟。怎么样？赶快来测一下！

244 哪个字母不见了

这里原本应该有26个字母，但事实上少了1个，你能看出哪一个字母不见了吗？

245

一共有多少对

图中有若干对靠在一起的两个数字相加恰好等于10。这些成对的数字，或横或竖或斜地靠在一起。请找找看，一共有多少对？

7	1	1	8	7	4	7	5	5	3	1	8	1	6	4	3
2	9	6	7	5	9	2	5	3	6	3	1	4	8	4	8
1	6	5	6	2	4	3	6	8	5	6	6	3	9	7	5
3	2	7	8	1	5	9	6	1	8	7	1	5	8	6	2
5	9	2	1	3	3	4	2	4	5	4	7	7	6	1	2
3	4	3	4	8	6	2	4	7	9	8	4	1	6	3	9
3	8	0	9	5	1	7	5	7	5	8	5	1	8	7	1
3	7	5	4	8	9	1	4	2	7	3	1	5	6	5	5
5	1	8	7	1	6	8	7	8	4	3	8	3	6	3	7
2	6	7	4	5	3	6	5	3	6	3	4	8	1	8	5
3	2	6	2	1	8	4	3	9	4	2	4	1	3	5	3
2	4	5	2	7	1	3	6	2	8	1	1	8	1	8	4
5	8	3	9	6	7	2	6	8	1	2	6	9	7	6	4
8	3	9	9	6	7	2	6	8	1	2	6	9	7	6	4
5	4	3	2	5	9	3	9	8	3	2	6	2	5	9	6
2	9	4	2	4	8	6	6	6	9	6	5	6	1	8	3
3	5	2	7	8	5	1	4	7	1	7	6	5	7	2	5

246

找图填空

在下面A、B、C、D四个图案中，哪一个符合大图案中的空白部分？

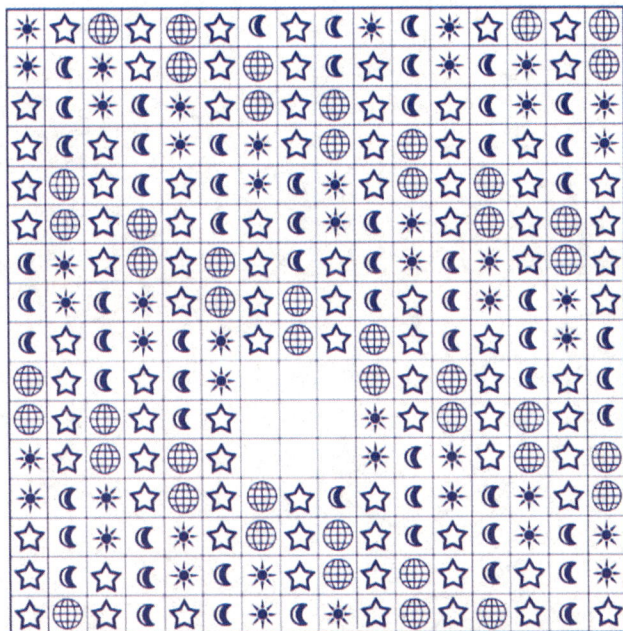

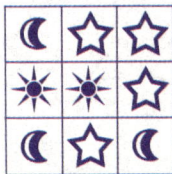

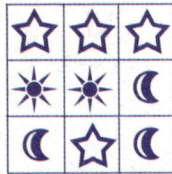

A　　　　B　　　　C　　　　D

247 考考你的注意力

你的注意力能长时间地集中在某种事物之上吗？还是做一道题，来测试一下你注意力的稳定性吧！

不许用铅笔或其他的工具，只用你的眼睛尽可能快地追踪下图中的每一条曲线对应的字母。

第五部分

分析思维游戏

通过分析话语、图形等的内在联系与规津，
提高规津分析能力，得到解决问题的方法。

248 丢失的稿件

一阵清风把一堆没有装订的稿件吹散了，找回来的稿件中丢失了两页，请你想想是哪两页没有找回来呢？

提示：请仔细观察右图的稿件上的页码。

249 变三角形

10枚硬币排成倒三角形，如果让这个三角形朝上，只允许移动3枚硬币，该怎么移？

250 三个数

有三个不是0的数的乘积与它们之和是一样的。请问：这三个数是什么？

$$X \times Y \times Z = \square$$

$$X + Y + Z = \square$$

251 自制扇子

小红有两个类似于银杏叶的扇子，但她觉得风不够大，想把它们剪一刀拼成一个正方形。你能帮帮她吗？

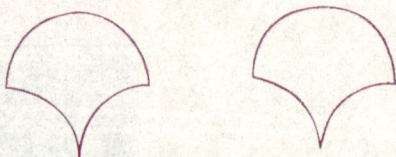

252

台历日期

右边台历上斜着的三个日期的数字之和为42，请问这三个日期为哪三天呢？

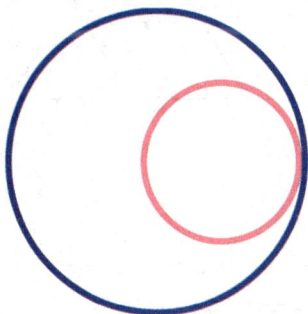

JUNE

两个圆环，半径分别是1和2，小圆在大圆内绕圆周一周，问小圆自身转了几圈？如果在大圆的外部，小圆自身转几圈呢？

253

转动的距离

254

和为 18

请你将 1～8 这 8 个数字分别填到右图中的 8 个方格内，使方格里的数不论是上下左右中还是对角的四个方格，以及四个角之和都等于18。想想你该怎么填？

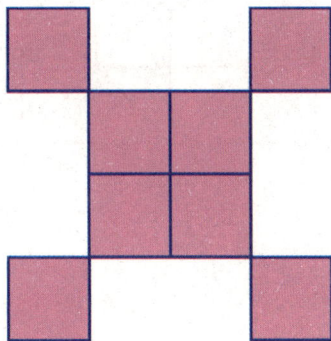

255

火柴游戏

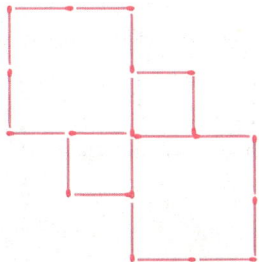

这是用20根火柴摆成的图形，你能只移动其中的4根火柴，使它变成3个形状相同、面积也一样的图形吗？

256 求婚的门槛

所罗门王有一个漂亮的待嫁的女儿。周边许多国家的王子和侯爵都想迎娶这位美丽的公主。为了考验求婚者的智慧，所罗门王随手画了一个用许多三角形组成的图案，要求求婚者数这个图案里一共有多少三角形。数对的就可以迎娶公主。

你能数出图案上有多少个三角形吗？

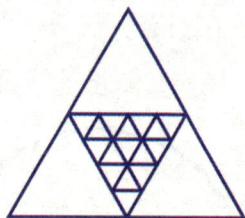

257 复杂的图形

请你数一数在左面这个复杂的图形中有多少个正方形？有多少个三角形？

258 只剩5个正方形

右图是由20根火柴棒排成的大小相同的9个正方形。试移动3根火柴棒，放在适当的位置，使图中只有5个正方形。

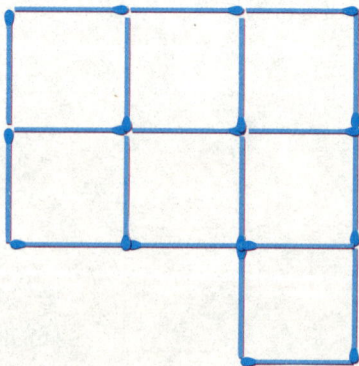

259 奇怪的现象

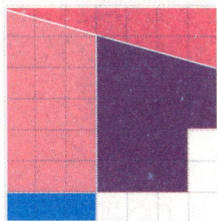
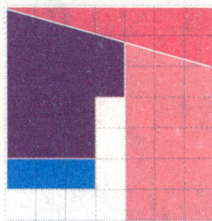

图1　　　　　　　　图2

美国的一个魔术师发现这样一个奇怪的现象：一个正方形被分割成几小块后，重新组合成一个同样大小的正方形时，它的中间却有个洞！

他把一张方格纸贴在纸板上，按图1画上正方形，然后沿图示的直线切成5小块。当他照图2的样子把这些小块拼成正方形的时候，中间真的出现了一个洞！

图1的正方形是由49个小正方形组成的，图2的正方形却只有48个小正方形。究竟出了什么问题？那个小正方形到底到哪儿去了？

260 多多家的小鸭子

多多家有两只刚出生不久的小鸭子，为了防止鸭子乱跑，多多就用8根木条分别围成两个互不相连的正方形。这时，好心的邻居又送来了一只小鸭子，可是多多家没有多余的木条了，她该怎样用剩余的木条围成3个正方形，让3只鸭子分别住进3个正方形里呢？

261 糟糕的台历

23/30　24/31

上个月30号是小白的生日。当天晚上有一个吃剩的蛋糕被小白随手扔在书桌的台历上。第二天早上醒来，小白发现蛋糕被贪吃的老鼠啃得面目全非，就连台历也被老鼠撕得乱七八糟，只能从仅存的部分中依稀看到几个字（如左图）。根据这些仅存的数字，你能否推测出这个月的1号是星期几？

问号处该填什么 *262*

　　右面这道题目经常出现在公务员的考试中。请仔细观察，想想问号处该填什么？

有趣的棋盘 *263*

　　左图是一个棋盘，棋盘上放有6颗棋子，请你再在棋盘上放8颗棋子，使得：
　　① 每条横线上和竖线上都有3颗棋子。
　　② 9个小方格的边上都有3颗棋子。

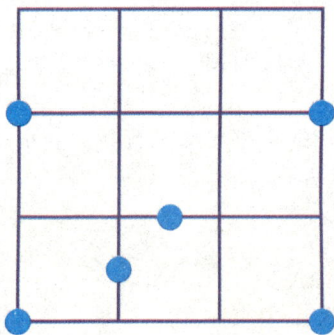

母鸡下蛋 *264*

　　一只母鸡想使每行（包括横、竖和斜线）中的鸡蛋不超过两个，它能在蛋格子里下多少蛋？你能在表格中标注出来吗？图中有两个鸡蛋了，因而不能再在这条对角线上下蛋了。

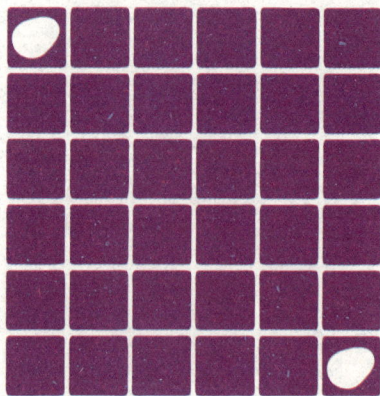

陌生的邻居 *265*

　　在一个菱形的小区的中央住着4户人家，他们的草坪分别在菱形小区的4个角落（如左图）。但他们都不愿意和邻居打招呼，想不穿过别人家的区域就能到自己家的草坪去。
　　假如你是这个小区的物业管理员，你该如何让这4条路彼此不相交就能到达他们自家的草坪？

266 看图做联想

仔细观察右面的图片，想一想这些图片之间有什么联系？

267 爱因斯坦的谜题

这是爱因斯坦在20世纪初出的谜题。在一条街上，有5座房子，喷了5种颜色。每个房里住着不同国籍的人，每个人喝不同的饮料，抽不同品牌的香烟，养不同的宠物。

提示：

① 英国人住红色房子。

② 瑞典人养狗。

③ 丹麦人喝茶。

④ 绿色房子在白色房子左面隔壁。

⑤ 绿色房子主人喝咖啡。

⑥ 抽Pall Mall 香烟的人养鸟。

⑦ 黄色房子主人抽Dunhill 香烟。

⑧ 住在中间房子的人喝牛奶。

⑨ 挪威人住第一间房。

⑩ 抽Blends香烟的人住在养猫的人隔壁。

⑪ 养马的人住抽Dunhill 香烟的人隔壁。

⑫ 抽Blue Master的人喝啤酒。

⑬ 德国人在抽Prince香烟。

⑭ 挪威人住在蓝色房子隔壁。

⑮ 抽Blends香烟的人有一个喝水的邻居。

请问：谁养鱼？

268

找伙伴

用3条不相交的线连接颜色相同的五角星，每个五角星的后面只能绕过一次。

269

地图

小童住在甲区，她的朋友婷婷住在乙区。一天，婷婷想去小童家玩，小童该如何以"最简单"的方法（她走的路程不一定是最短的）告诉婷婷怎样用右面的地图找到甲区？

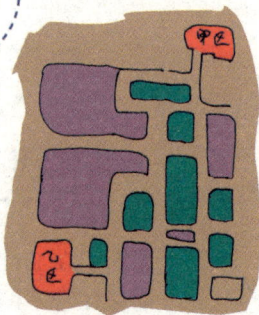

270

消失的颜色

仔细看左图，想想图中空白的圆圈该填什么颜色？

271

如何种树

有一块地上栽着16棵美丽的树，它们形成12行，每行4棵树（如右图）。其实，这16棵树可以形成15行，每行4棵树。你知道应当怎样栽种吗？

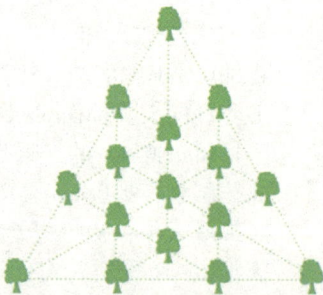

272 不湿杯底

有一个玻璃杯，杯子底部的里面是干的，现在把杯子放进装满水的盆子里，但要使杯子的底部仍是干的，你能做到吗？

273 掌心里的洞

把一张普通的书写纸卷成筒状，将左手平放在纸筒的左边。两只眼睛都睁开，然后用右眼往里面看。你会发现什么？

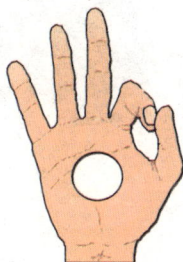

274 一步之差

在课堂上，老师出了这样一道题目：怎样移动一根火柴棒，就可以让等式成立（＝可以是≈）。

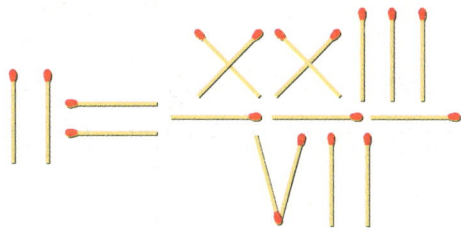

甲移动了一根火柴，只差一点就完全相等了。而乙同样是移动了甲刚才动过的那根火柴，竟使答案更接近了。你知道他们是怎么移动火柴的吗？

275 暗藏陷阱的宝藏图

从右面的方格里，找出其中隐藏的五处宝藏。方格下方绘有一些宝藏图案。在这些图案里，一处宝藏是占据了3格（宝藏三），另外两处宝藏各占据了1格（宝藏一），还有两处宝藏各占据了2格(宝藏二)。在方格右边和上边各有一排数字，表示在每行及每列中隐藏的宝藏所占的方格数。

除此之外，每个组合的宝藏图，一定是水平或直立的；而且一处宝藏与另外一处宝藏之间绝对不会彼此贴近，或位于彼此的对角位置。在方格中已绘有宝藏二的半个图，作为解题指南，这半个图如图中所示。

另外还需要注意的是，在这些方格中，每格代表的若不是宝藏，就必定是陷阱。你能寻找到这些宝藏吗？

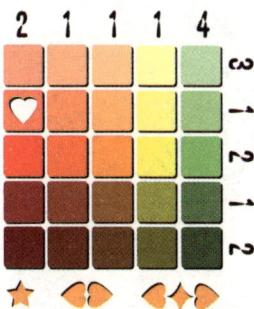

276 怎样合法销售

在一些欧洲国家，星期天卖某些商品是违法的。像报纸、水果这种有时间性、易变质的商品可以出售；然而像图书和电器等在短期内不会失去效用性的商品，则不允许出售。商店应该怎么做才能在星期天把两种商品都合法地卖出去呢？

277 数字模板

有一个如右图所示的数字模板，请转动你的脑筋，猜一猜空格内应填入什么？

1	2	3
4	5	6
7	8	9
?	0	?

278 什么骗了你

下面几组图形中，由于你的眼睛"欺骗"了你，使你产生了错觉，不信就用尺子量一量。

①两个正方形哪一个大？　　②两条对角线哪一条长？

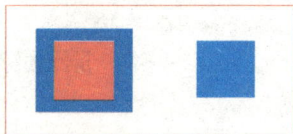

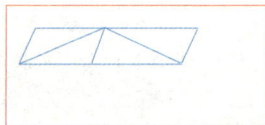

279 孤独的星星

右图中，哪一颗星星不属于这个星座？

吃樱桃

桌上有一个用火柴棒拼成的杯子，杯子内放有一颗晶莹剔透的樱桃。如果你想吃到这颗樱桃的话，只能挪动2根火柴棒，把樱桃从杯子中拿出来。你知道该怎么挪动吗？

最后的弹孔

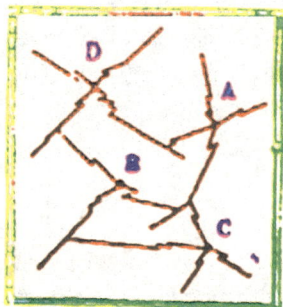

某地著名的富翁被枪杀了。他是站在房子的窗边时，被突然从窗外射来的子弹击中的。也许是凶手的枪法不准，打了4枪，最后一枪才命中。窗户的玻璃上留下4个弹孔。你知道最后一枪的弹孔是哪个吗？

有趣的类比

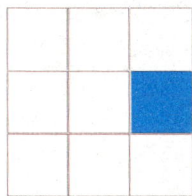
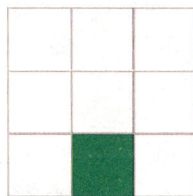

左面的九格图中，分别有1~9九个数字，如果图1阴影部分代表4，那么，图2阴影部分代表几？

图1　　　图2

兔子的食物在哪里

在一个表格里有几只兔子，每只兔子都有一棵专属于自己的胡萝卜，这棵胡萝卜有可能紧邻在兔子的四周，但不可能出现在兔子的对角线相邻位置。同时，两棵胡萝卜也不能相邻，也就是说，它们彼此之间不能"接触"。位于每行和每列的胡萝卜数目已经标示在表格旁了，到底兔子们的食物在哪里？

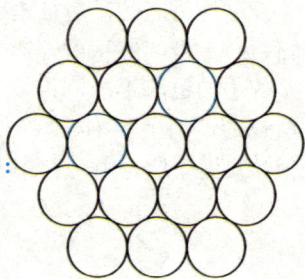

复杂的碑文符号

284

考古人员在希腊进行发掘工作时，使一批奇异的古代遗迹重见天日。他们发现很多纪念碑的碑文上反复出现右面这个由圆和三角形组成的符号。

这个图可以一笔画出，线条都不重复地画过两次以上。不过，如果采取那种更为一般的，允许同一线条可以随意重复画过的画法，只是要求用尽可能少的转折一笔画出这个图形，它无疑会成为很好的一道趣味题。你知道怎么画吗？

285

填色游戏

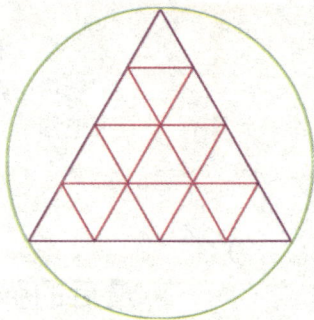

将这些圆形分别填上红、黄、蓝和绿色，使得：
①每种颜色的圆形至少3个。
②每个绿色圆形都正好和3个红色圆形相接。
③每个蓝色圆形都正好和2个黄色圆形相接。
④每个黄色圆形都至少各有一处分别和红色、绿色和蓝色圆形相接。

286

魔术阶梯

这个魔术阶梯是有名的施罗德阶梯，如果你将它倒过来看就知道它有什么特别之处。

现在请在每一阶上各放一张黑色和白色的卡片，使每一阶卡片的数字之和为5个连续的数字，即：9，10，11，12，13。

287　如何称体重

皮皮、琪琪和皮皮的弟弟3人将家里的一些废品，如废报纸、塑料瓶和一些酒瓶用编织袋装着抬到废品站里去卖。卖完后，见废品站里有一磅秤，3人都想称一称自己的体重。可废品站的叔叔说，这台磅秤最少要称50公斤，他们3人都只有25到30公斤，不能称他们的体重。真的不能称吗？皮皮他们3人很失望，正准备离开时，一位阿姨说，他们可以用磅秤称出各自的体重。真的可以哟！一直在想办法的皮皮忽然也想到了，只需称3次就可得出各自的体重。称完后，废品站的叔叔阿姨都夸皮皮聪明。皮皮他们3人别提有多高兴了！你知道皮皮是怎样称的吗？

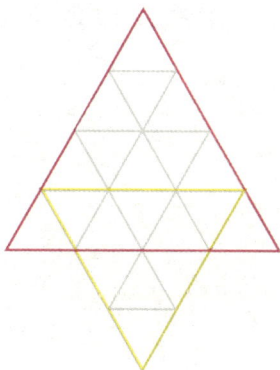

288　多少个等边三角形

发挥你的想像力，仔细数一数，左面图形中到底有多少个大小不同的等边三角形。

289　音乐转灯

有一盏音乐转灯的设计很独特：在中心红光外面包有7层壳，每层壳上都有7个五角星的图案，当7层壳上的五角星排成一条直线时，中心红光可以透出五角星的图案。如果开始时7个五角星是对齐的，然后7层壳一起转动，但是转速却不一样：每分钟第一层转1圈，第二层转2圈，第三层转3圈，第四层转4圈，第五层转5圈，第六层转6圈，第七层转7圈。请问：至少要转多长时间，可以透出五角星图案来？

290

一封假遗书

在旧金山的一家旅馆内，有位客人服毒自杀，名探詹姆接到报案后前往现场调查。

被害者是一位中年绅士，从表面迹象看，他是因中毒而死。

"这个英国人三天前就住在这里，桌上还留有遗书。"旅馆负责人指着桌上的一封信说。

詹姆小心翼翼地拿起遗书细看，内文是用打字机打出来的，只有签名及日期是用笔写上的。

詹姆凝视着信上的日期——3.15.99，然后像是得到答案似的说："若死者是英国人，则这封遗书肯定是假的。相信这是一宗谋杀案，凶手可能是美国人。"

究竟詹姆凭什么这么说呢？

291

比面积

有两个三角形，一个三角形的三边是3、4、6，另一个三角形的三边是300、400、700。哪一个三角形的面积大？

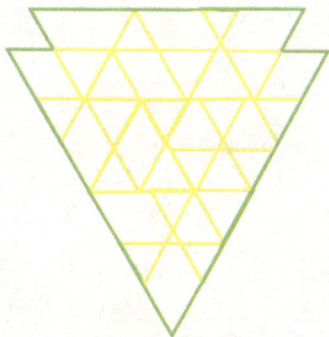

292

大挂钟

皮皮家的大挂钟报时的时候，相邻两次的钟声间隔时间为5秒钟。如果大挂钟连续敲12下，要花多少时间？

293

步行比乘车快多少

周末皮皮放学后，站在车站等汽车，等了很久，汽车也没有来。因为他想回家换衣服和同学去踢足球，心里非常着急，就步行往家里走去。如果他乘车10分钟就可以到达，他步行要40分钟到达。当他走到全路程的1/2时，公共汽车来了，他又乘上汽车走完了全程到达目的地。他这样与一开始就乘汽车比较起来，能快多少分钟？

294

爬楼梯

皮皮和琪琪两人同住一幢楼，皮皮住第8层，琪琪住第4层，每层楼的楼梯一样高。琪琪于是对皮皮说：每天我们同样上楼，你要比我多爬一倍的楼梯呢！

请问，琪琪说的话对吗？

295

计划有变

阿哈下午3点去某公司办事，打算办完事赶回去接上幼儿园的女儿。没想到遇上堵车，去的时间用了预定的2倍。阿哈按原计划时间办完事，决定以原计划4倍的速度往回赶。请问，阿哈能按时赶到幼儿园接女儿吗？

第六部分

数字思维游戏

数字思维是一种多向发散性的思维，也是一种平等性和平民式的思维，还是一种创新求异性的思维。

睡觉（一天8小时）	122天
双休日	104天
暑假	60天
用餐（一天3小时）	45天
娱乐（一天2小时）	30天
总计	361天

296

水多还是白酒多

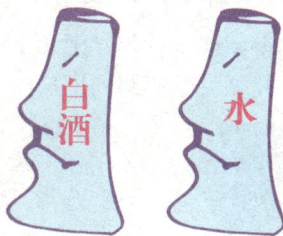

白酒　水

桌子上放着同样大小的两个瓶子，一瓶装着白酒，一瓶装着水，两个瓶子里的液体一样多。如果用小勺从第一个瓶子中取出一勺白酒，倒入第二个瓶子中，搅匀后，再从第二个瓶子中取一勺混合液，倒回第一个瓶子中。那么这时是白酒中的水多呢，还是水中的白酒多呢？

297

买鸡卖鸡赚了多少钱

一个人从市场上花8元钱买了只鸡，买了之后想想不合算，9元钱卖了。卖掉之后突然又嘴馋，于是花10元买了回来。回家一看家里有鸡，于是11元又卖掉了。这个人赚了多少钱？

298

如何称糖

有一个两臂不一样长却处于平衡状态的天平，给你2个500克的砝码，如何称出1公斤的糖？

299

答案为1

在右面的数字中挑选出5个数字进行运算，得出的答案为1。请你找出这5个数，并说明按什么顺序运算。

+190	×12	−999	×4
−87	+29	×9	−576
−94	+65	×22	−435
×7	×8	+19	+117

问题时间表

妈妈每天都催促亮亮要抓紧时间学习，亮亮却辩解说他一年之中几乎没有时间学习。妈妈疑惑地问他怎么没有时间学习，亮亮就给妈妈列出这样一个表：

睡觉（一天8小时）	122天
双休日	104天
暑假	60天
用餐（一天3小时）	45天
娱乐（一天2小时）	30天
总计	361天

一年中，剩下的4天还没有把他生病的假期算进去，所以他没有时间学习。妈妈看他这样计算觉得也有道理。事实上，亮亮是做了手脚的。你发现亮亮在哪里做了手脚吗？

冷饮花了多少钱

一个人在饭店吃中午饭，再加冷饮，共付6元，饭钱比冷饮多5元。请问：冷饮花了多少钱？

如何摆麦袋

下图中9袋小麦的摆法是两边各一袋，然后各两袋，中间有三袋。如果我们以左边第一只麦袋上的数字7，乘以邻近的两只麦袋上的28，得196，正好等于中间三袋上的数。但是右边的5乘以34并不得196。现在请重新摆放这9只麦袋，使得最边上的麦袋上的数字，乘以相邻的两只麦袋上的数，都等于中间三袋上的数。请问：至少需要移动几个麦袋？该怎样移呢？

7　28　196　34　5

90

303

共有多少只蜜蜂

一只蜜蜂外出采花粉，发现一处蜜源，它立刻回巢招来10个同伴，可还是弄不完。于是每只蜜蜂回去各找来10只蜜蜂，大家再采，还是剩下很多。于是蜜蜂们又回去叫同伴，每只蜜蜂又叫来10个同伴，但仍然采不完。蜜蜂们再回去，每只蜜蜂又叫来10个同伴。这一次，终于把这一片蜜源采完了。

你知道采这块蜜源的蜜蜂一共有多少只吗？

304

移数字

$$101-102=1$$

请移动左面等式中的一个数字（只能是数字，而且不能将数字对调，也不能移动运算符号），使等式成立。

305

巧填算式

请你在右面的三道算式里分别填上合适的运算符号，使等式成立。

(1) 2 3 4 5 6 7 1＝51

(2) 5 6 7 1 2 3 4＝51

(3) 6 7 1 2 3 4 5＝51

306

断开的风铃花

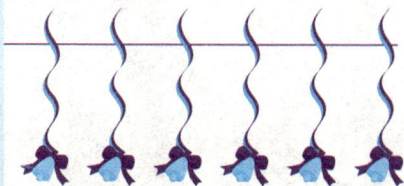

小柔是一个喜欢动手的好孩子，她最喜欢做的就是风铃。这一天，她折了6朵风铃花，用一根1米长的绳子每隔0.2米拴1个正好。现在她不小心用剪刀剪坏了一个，重新折的话又没有多余的塑料膜了。现在还要求0.2米拴1个，绳子不能剩。请问：小柔该怎么拴？

猎人的收获

307

有一天，猎人出去打兔子，直到天黑才回到家。他的妻子问："你今天打了几只兔子？"猎人说："打了6只没头的，8只半个的，9只没有尾巴的。"聪明的妻子马上就明白他打了几只。你知道吗？

308

难解的债务关系

甲、乙、丙、丁4人是好朋友。有一天，甲因为要办点事情，就向乙借了10元钱，乙正好也要花钱，就向丙借了20元钱，而丙自己的储蓄实际上也并不多，就向丁借了30元钱。而丁刚好在甲家附近买书，就去找甲借了40元钱。

恰巧有一天，4人决定一起出去逛街，乘机也将欠款一一结清。请问：他们4人该怎么做才能动用最少的钱来解决问题呢？

309

列算式

请你按照9，8，7，6，5，4，3，2，1的顺序，在这9个数字的每两个数字之间适当地添加上 +、-、×、÷ 等运算符号，列出一道算式，使其答案等于100。

9 8 7 6 5 4 3 2 1=100

310

和尚分馒头

100个和尚分100个馒头，正好分完。如果老和尚一人分3个，小和尚3人分一个，试问大、小和尚各有多少人？

311

运动服上的号码

小小参加学校的运动会，他的运动服上的号码是个四位数。一次，同桌倒立着看小小的号码时，发现变成了另外的四位数，比原来的号码要大7875。你知道小小的运动服上的号码是多少吗？

312

等于 100

(1) 请在1，2，3，4，5，6，7，8，9之间添上7个"＋"和1个"×"，使其得数为100。

1 2 3 4 5 6 7 8 9 = 100

(2) 在1，2，3，4，5，6，7，8，9中插入加减号共3个，使其得数为100。

1 2 3 4 5 6 7 8 9 = 100

313

老钟

有一台老钟，每小时慢4分钟（即分针走一圈实际需64分钟），3点整时和一只走得很准的手表对过时，现在这只表正好指在12点。请问：老钟还需走多少分钟才能指在12点？为什么？

314

什么时候相遇

在一个赛马场里，A马1分钟可以跑2圈，B马1分钟可以跑3圈，C马1分钟可以跑4圈。

请问：如果这3匹马同时从起跑线上出发，几分钟后，它们又相遇在起跑线上？

$$1 = 5 \quad 5 \quad 5 \quad 5$$
$$2 = 5 \quad 5 \quad 5 \quad 5$$
$$3 = 5 \quad 5 \quad 5 \quad 5$$
$$4 = 5 \quad 5 \quad 5 \quad 5$$
$$5 = 5 \quad 5 \quad 5 \quad 5$$
$$6 = 5 \quad 5 \quad 5 \quad 5$$

315 关于"5"的创意算式

左面有4个数字"5"，你能写出4个数字"5"组成的得数是1~6的算式吗？

注：＋、－、×、÷和( )均可以用。

316 过河

一条大河上没有桥，37人要过河，但河上只有一条能装载5人的小船。

请问：37人要多少次才能全部过到河对面？

317 井底之蛙

一只井底之蛙想出去见见世面，于是开始攀爬井壁。每爬一次，就上升3米，但每次上升前会下落2米，已知井深10米。请问：这只青蛙要攀爬几次才能爬出井去？

318 粗心的管理员

公园的管理员看到公园里到处都是游客扔的垃圾，非常气愤。他决定增设20个垃圾桶，分别放在5条相互交叉的路上，每条路上放4个。但由于粗心大意，他少带了10个垃圾桶。那该怎么办？难道把垃圾桶劈成两半吗？

聪明的你帮忙想想办法吧！

319 多少只羊

甲赶了一群羊在草地上往前走，乙牵了一只肥羊紧跟在甲的后面。乙问甲："你这群羊有100只吗？"甲说："如果再有这么一群，再加半群，又加1/4群，再把你的一只凑进来，才满100只。"

请问：甲原来赶的那群羊有多少只？

320 神奇的数字

1 2 3 ＝1
1 2 3 4 ＝1
1 2 3 4 5 ＝1
1 2 3 4 5 6 ＝1
1 2 3 4 5 6 7 ＝1
1 2 3 4 5 6 7 8 ＝1

请在左面的式子中添上 + 、－、×、÷及（ ），使得等式成立。

321 多少岁

一个人在公元前10年出生，在公元10年的生日前一天死去。

请问：这个人去世时是多少岁？

322 惨烈的尖叫

一天夜里，邻居听到一声惨烈的尖叫。早上醒来发现原来昨晚的尖叫是受害者的最后一声。负责调查的警察向邻居们了解案件发生的确切时间。一位邻居说是12:08分，另一位老太太说是11:40分，对面杂货店的老板说他清楚地记得是12:15分，还有一位绅士是11:53分。但这4个人的表都不准确，在这些人的手表里，一个慢25分钟，一个快10分钟，还有一个快3分钟，最后一个慢12分钟。聪明的你能帮警察确定作案时间吗？

323 找到隐藏的数

下列数字中隐藏着两个数，其中一个是另一个的两倍，两个数相加的和为10743。这两个数是什么？

57135816238

324 阿凡提为什么不害怕

有一次，财主把阿凡提抓了起来，他把阿凡提绑在水池的柱子上，然后又在水面上放了很多大冰块。这时，水面正好淹到阿凡提的脖子，财主想等到冰块融化了之后淹死阿凡提，但阿凡提却丝毫不害怕。你知道，冰块融化了之后水面会上升多高吗？

325 牛奶有多重

MILK ?

大龙买了一大瓶牛奶，他不知道牛奶重多少，但知道连瓶子共有3.5公斤。现在，他喝掉了一半牛奶，连瓶子还有2公斤。你知道瓶子有多重，牛奶又有多重吗？

326 山羊吃白菜

如果3只山羊在6分钟内吃掉3棵大白菜，那么一只半的山羊吃掉一棵半的白菜需要多长时间？

327 如何胜券在握

3个人面临着一场决斗。他们站着的位置正好构成了一个三角形。其中被称为"枪神"的人百发百中；被称为"枪怪"的人3枪能命中2枪；莱特枪法最差，只能保证3枪命中1枪。现在3人要轮流射击，莱特先开枪，"枪神"最后开枪。如果你是莱特，怎样做才能胜算最大呢？

328 玻璃瓶里的弹珠

一个玻璃瓶里一共装有44个弹珠，其中：白色的2个，红色的3个，绿色的4个，蓝色的5个，黄色的6个，棕色的7个，黑色的8个，紫色的9个。

如果要求每次从中取出1个弹珠，从而得到2个相同颜色的弹珠，请问最多需要取几次？

329 紧急情报

气象部门观察发现，在半个月后将有飓风袭击澳大利亚北部城市。现在气象台成员只有一个办法——步行翻越一座高山将情报传递给南部。而每个人翻越高山的时间都是12天，每个人最多只能带8天的粮食。假设每个人的饭量相同，所带的食物也一样，请问：最少需要几个人才能完成任务？

330 分橘子

甲、乙、丙三家约定9天之内各打扫3天楼梯。由于丙家有事，没能打扫，楼梯就由甲、乙两家打扫，这样甲家打扫了5天，乙家打扫了4天。丙回来以后就以9斤橘子表示感谢。请问：丙该怎样按照甲、乙两家的劳动成果分配这9斤橘子呢？

331 镜子的游戏

?-?=63

有4个数字（两组）在镜子里面看顺序相反，它们两者之间的差均等于63。

请问：这两组数字分别是什么？

332 三位不会游泳的人

有3个人必须过河到对岸，但河上没有桥。河上有两个孩子正在划着一只小船想帮助他们。可是船太小了，一次只能搭一个人，如再加上一个孩子船就会沉下去，而岸上的3个人都不会游泳。请问：他们要怎么做才能让这3个人都顺利到达对岸呢？

333 值多少

如果7只企鹅=2头猪，1只企鹅+1只鸟=1匹马，1头猪+1只鸟=1条狗，2头猪+5只企鹅=2条狗，4匹马+3条狗=2只鸟+8头猪+3只企鹅，已知企鹅的值为2，那么狗、马、鸟和猪的值分别为多少？

334 和为99

把9，8，7，6，5，4，3，2，1九个数按顺序用加号连起来，使和等于99。（数字可以连用）

987654321

335 卡片游戏

2、1、6的三张卡片，请你变换一下它们的位置，使它们变成刚好能被43除尽的一个3位数。

336 聪明律师的难题

古希腊一位寡妇要把她丈夫遗留下来的3500元遗产同她即将出生的孩子一起分配。如果生的是儿子，那么按照古希腊的法律，母亲应分得儿子份额的一半；如果生的是女儿，母亲就应分得女儿份额的两倍。可是如果生的是一对双胞胎——一男一女呢？遗产又该怎么分呢？这个问题把聪明的律师给难倒了。聪明的你知道遗产该怎么分吗？

337 小猫跑了多远

同同和苏苏一起出去玩，苏苏带了一只小猫先出发，10分钟后同同才出发。同同刚一出门，小猫就向他跑过来，到了同同身边后马上又返回到苏苏那里，就这么往返地跑着。如果小猫每分钟跑500米，同同每分钟跑200米，苏苏每分钟跑100米的话，那么从同同出门一直到追上苏苏的这段时间里，小猫一共跑了多少米？

338 著名作家的生卒年

19世纪有一位著名的作家出生在英国，同样他又死于19世纪。他诞生的年份和逝世的年份都是由4个相同的数字组成，但排列的位置不同。他诞生的那一年，4个数字之和是14；他逝世那一年的数字的十位数是个位数的4倍。

请问：该作家生于何年，死于何年？

339 电话号码

壮壮所在的城市的电话号码是四位。一次他搬了新家，得到了一个非常不错的电话号码。这个电话号码很好记：新号码正好是原来号码的四倍；原来的号码从后面倒着写正好是新的号码。

现在，你能够推测出他的新电话号码吗？

340 古董商的交易

有一位古董商收购了两枚古钱币，后来又以每枚60元的价格出售了这两枚古钱币。其中的一枚赚了20%，另一枚赔了20%。请问：和他当初收购这两枚古钱币相比，这位古董商是赚是赔，还是持平？

341 剧院的座位安排

有个剧院在上演精彩节目，刚好120个座位全坐满了观众，而全部入场费刚好为120元。剧院的入场费收取办法是：男子每人5元，女子是每人2元，小孩子则每人为1角。那么，你可以据此算出男、女、小孩各有多少人吗？

342 天平称重

现有1克、2克、4克、8克、16克的砝码各一个。称重时，砝码只能放在天平的一端，用这5个砝码组合可以称出几种不同的重量？

343 失算的老师

10个同学来到教室，为座位问题争论不休。有的人说，按年龄大小就座；有的人说，按学习好坏就座；还有人要求按个子高矮就座。

老师对他们说："孩子们，你们最好停止争论，任意就座。"

这10个同学随便坐了下来，老师继续说道："请记下你们现在就座的次序，明天来上课时，再按新的次序就座，后天再按新的次序就座，反正每次来时都按新的次序，直到所有的次序都坐过为止。如果你们再坐在现在所安排的位子上，我将给你们放假一年。"

请你算算看，老师隔多少日子才给他们放假一年呢？

344 不会算数的顾客

一位顾客想寄很多封信。于是他递给邮局卖邮票的职员一张1元的人民币，说道："我要一些2分的邮票和10倍数量的1分的邮票，剩下的全要5分的。"这位职员一听懵了，他要怎样做才能满足这个不会算数的伤脑筋的顾客的要求呢？

345 自作聪明的盗贼

一个被警察追踪多年的盗贼突然有一天前来自首。他声称他偷来的100块法老壁画被他的25个手下偷走了。这些人中最少的偷走1块，最多的偷了9块。而这25人各自偷了多少块壁画，他说他也记不清了，但可以肯定的是，他们偷走的壁画是单数，不是双数。他为警方提供了这25个人的名字，条件是不能判他的刑。警察答应了。但当天下午，警长就下令将自首的盗贼抓获。猜猜为什么？

346 烟鬼戒烟

史密斯先生的烟瘾很大，最近医生发出最后通告：如果他再不把烟戒掉，他的肺部就会穿孔。史密斯先生思考了一分钟，说："我抽完剩下的7支烟就再也不抽了。"不过，史密斯先生的抽烟习惯是，每支香烟只抽1/3，然后用某种透明胶把3个烟蒂接成一支新的香烟。

请问：在史密斯先生戒烟之前，他还能抽多少支香烟？

347 "鬼迷路"

一天晚上，3个探险家为了抄近路，决定从宽4千米的山谷中穿过。他们走了很久，按时间计算应该到达目的地了，但每次总是莫名其妙地回到出发点附近。这就是人们经常说的"鬼迷路"。你知道是怎么回事吗？

348 最简单的算式

请你用5个1和5个3组成两道最简单的算式，使其答案都等于100。

349 匪夷所思的数

有这样一个数，它乘以5后加6，得出的和再乘以4，后加9，然后再乘以5，得出的结果减去165，把结果的最后两位数遮住就回到了最初的数。你知道这个数是多少吗？

$$[(?\times5+6)\times4+9]\times5-165=?$$

350 只收半价

有一位姑娘到一家新开张的布店里要买两匹布，她精心挑了两匹布后问多少钱，店铺的伙计说："姑娘真是好眼光，今天是本店的开张吉日，只收半价。"姑娘一听就说："既然是半价，那我买你两匹布再把一匹布折合成一半的价钱还给你。这样咱们就两清了。"

如果你是这位伙计，你会答应这笔买卖吗？

351 四个 4

用四个"4"列出得数为 1，2，3，4，5 的 5 个算式。

4	4	4	4 = 1
4	4	4	4 = 2
4	4	4	4 = 3
4	4	4	4 = 4
4	4	4	4 = 5

352 风吹蜡烛

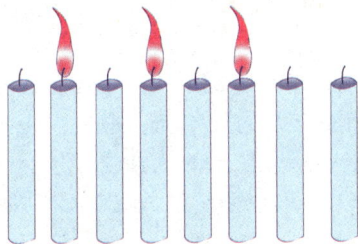

停电了，小寒点燃了 8 根蜡烛，但外面有一阵风吹来，有 3 根被风吹灭了。过了一会儿，又有 2 根被风吹灭了。为了防止蜡烛再被吹灭，小寒赶紧关上了窗户，之后，蜡烛就没再被吹灭过。

你知道最后还能剩下几根蜡烛吗？

353 鸡兔各有几只

若干只鸡兔被关在同一个笼里，笼里有鸡头、兔头共 36 只，有鸡脚、兔脚共 100 只，问鸡兔各有几只？

354 好客的花花

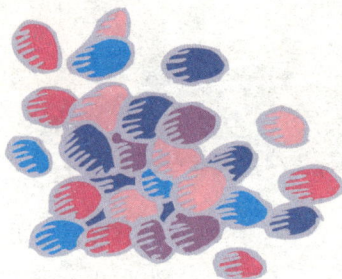

星期天，花花家来了很多客人。花花就把自己藏了很久的棉花糖拿出来给大家分享。如果每人分5颗那还少3颗，如果每人分4颗就还剩3颗。你知道花花家来了多少个客人，自己有多少颗糖吗？

355 分糖果

3个小女孩一共有770颗糖果，她们打算如往常那样，根据她们年龄的大小按比例进行分配。以往，当二姐拿4颗糖果时，大姐拿3颗；当二姐得到6颗时，小妹可以拿7颗。你知道每个女孩可以分到多少颗糖果吗？

356 谁胜谁负

和你的朋友交替说出1到10中自己喜欢的数，把每次你和朋友说的数相加，最后再求出总和。总和达到或者超过100的就算输。

仔细思考一下，想想你该怎么做才能取胜。

357 用多少时间

如果挖1米长、1米宽、1米深的池子需要12个人干2小时。那么6个人挖一个长、宽、深是它两倍的池子需要多少时间？

358 各有多少条鱼

小安家的鱼缸里养了很多热带鱼，其中有五彩神仙鱼、虎皮鱼。现在知道两种鱼的数目相乘的积数在镜子里一照，正好是两种鱼的总和。你能算出两种鱼各是多少条吗？

359 "8"的奥秘

将6个8组成若干个数，使其相乘和相加后等于800，你该如何排？

360 最大的整数

如果 +、-、×、÷ 分别只能使用一次，那么，这几个数字中间分别应添什么符号，才能使下面这个算式得出最大的整数？

注：可以使用一次小括号，且计算过程中不可以出现负数。

$$4 \quad 2 \quad 5 \quad 4 \quad 9 =$$

361 花最少的钱去考察

赤道上有A、B两个城市，它们正好位于地球上相对的位置。分别住在这两个城市的甲、乙两位科学家每年都要去南极考察一次，但飞机票实在是太贵了。围绕地球一周需要1000美元，绕半周需要800美元，绕1/4周需要500美元，按照常理，他们每年都要分别买一张绕地球1/4周的往返机票，一共要1000美元，但是他们俩却想出一条妙计，两人都没花那么多的钱。你猜他们是怎么做的？

362 秘密行动

国家情报局接到通知：一辆时速为60公里的火车上装满了炸药准备驶向首都。为阻止这一恐怖活动，国家情报局决定派本杰伦在火车必须通过的长为500米的隧道中，装上黄色远程遥控炸弹。由于火车通过隧道的时间仅为30秒，于是本杰伦把遥控定时装置设置为"30"，只要火车一进隧道，就会触发装置计数，30秒后隧道出口处的炸药自动爆炸。但是当火车呼啸而来进入隧道，高强度炸药在铁轨上准时爆炸后，火车仍然在失去铁轨的路面上继续疯狂前行，最后在树林里停了下来，随之引起了一场大火。消息传到国家情报局后，上司以指挥失误为由处分了本杰伦。你知道本杰伦错在哪个地方吗？

363 会遇到几艘客轮

每天上午，一家公司的客轮从香港出发开往费城，并在每天这一时间都有该公司的一艘客轮从费城开往香港。客轮走一个单程需要7天7夜。请问：今天上午从香港开出的客轮，将会遇到几艘从对面开来的同一个公司的客轮？

364 坐哪一辆车

婷婷每天都乘坐公共汽车上学。离婷婷家门不远处，有一个公共汽车站。汽车和电车都是每隔10分钟就来一次，票价也一样，只是汽车开过之后，隔2分钟电车才来，再过5分钟下一趟汽车又开过来。

根据以上信息，你认为婷婷坐哪一辆车更省事更划算？

第七部分

图形思维游戏

通过转换、组合、分割等方式，认识图形的特点，提高图形认知能力。

A
2 5
1 4 3
6 5 3
4 3 C 10 B
3 3 2

365

怪老头的玩意

小区门口有一位老头经常坐在一个刻有16个小方格的桌子旁，桌子上面放了10个棋子。他每天都拿着棋子在桌子上移来移去。有一天，有人问他在干什么，他说他在尝试用10个棋子摆出最多的偶数行，即横排、竖排和斜排上的棋子都是偶数。路人一听完，两三下就排出了16行，并且自称偶数行是最多的。你知道他是如何摆放棋子的吗？

366

标点的妙用

标点不仅仅应用在写作中，正确使用标点符号对解数学题也有很大帮助。下面是一道没有标点的古代数学题，你能正确标出标点，然后计算出来吗？

"三角几何共计九角三角三角几何几何"

367

数字乐园

将右图中的空白处填上1~9的数字，使得每行、每列和对角线上的数字相加都等于27。

368

交换时针和分针

如果时针和分针交换，它还能表示同一时刻的时间吗？

369 翻转梯形

右图是由23根火柴摆成的含有12个小三角形的梯形，最少移动几根，可以让它倒转过来呢？

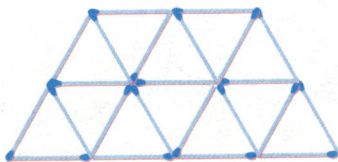

370 面积比

在一个正三角形中内接一个圆，圆内又内接一个正三角形。请问：外面的大三角形和里面的小三角形的面积比是多少？

371 半个柠檬

多多把柠檬总数的一半加半个放在屋子的东面，把剩下的一半加半个的1/2放在屋子的西面，另一个被藏在冰箱上面，不过柠檬的总数少于9个。请问多多一共有多少个柠檬？

注意：柠檬不能切成半个。

372 字母算式

$$
\begin{array}{r}
A\,B\,A \\
+\ A\,A\,B \\
\hline
B\,A\,C
\end{array}
$$

右图是一个字母算式。目前只知道B是C的三倍，而且都不等于0，那么A、B和C的数值分别是多少？

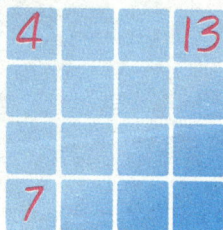

373

数字城堡

在左面这个数字城堡中填入1～16这些数字，使城堡中横、竖、对角线、中间4个数以及角上4个数之和均为34，并且每个数字只能出现一次。你能做到吗？

374

经典的几何分割问题

这是一道经典的几何分割问题。

请将这个图形分成四等份，并且每等份都必须是现在图形的缩小版。

375

一只独特的靶子

射击场上有一只独特的靶子，上面用数字标好了每环的分数，如右图。请问：假如你是射击手，你一共需要射多少支箭才能使总分正好等于100分？

376

商店的最佳位置

在铁路沿线的同一侧有100户居民，根据居民的要求要建一家商店，并使100户居民到商店的距离之和最小。你知道商店的位置应该建在哪里吗？

377 体积会增加多少

冰融化成水后，它的体积减小1/12，那么当水再结成冰后，它的体积会增加多少呢？

378 半盒子鸡蛋

往一只盒子里放鸡蛋，假定盒子里的鸡蛋数目每分钟增加一倍，一小时后，盒子满了。请问：在什么时候是半盒子鸡蛋？

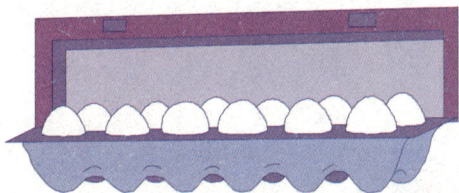

379 足球

请问：一个标准的足球有多少个正五角形、多少个正六角形？先不要数。

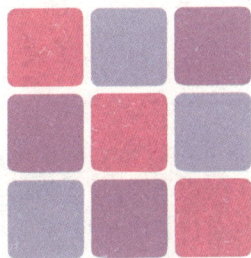

380 数字方阵

用2，3，4三个数字，填进方阵的9个方格，让每一行和每一列的总和都相等。

381 让错误的等式变正确

62-63=1是个错误的等式，能不能移动一个数字使得等式成立？移动一个符号让等式成立又应该怎样移呢？

62-63=1

382 移杯子的学问

有10只杯子，前面5只装有水，后面5只没有装水。移动4只杯子可以将盛水的杯子和空杯相间，现在只移动2只杯子也要使其相间，你可以做到吗？

12	21	A
B	13	19
20	16	C

383 表格中的奥妙

表格中的数字有一定的摆放规律。请你找出规律，并求出A、B、C的值。

	22	12	18	16	?
16	🦆	🔵	🔵	🔵	🦆
19	🦆	🔵	🎡	🦆	🐻
17	🦆	🔵	🎡	🦆	🐻
16	🦆	🔵	🎡	🦆	🦋
?	🔵	🦋	🔵	🦋	🐻

384 玩具的总价

每种玩具都有一个价格，图中的数字表示该行或列中所有玩具价格的和，你能把未知的总价算出来吗？

385 圆圈里填数字

图中9个圆圈组成四个等式，其中三个是横式，一个是竖式。你知道如何在这9个圆圈中填入1~9九个数字，使得这4个等式都成立吗？注意：1~9这九个数字，每个必须填一次，即不允许一个数字填两次。

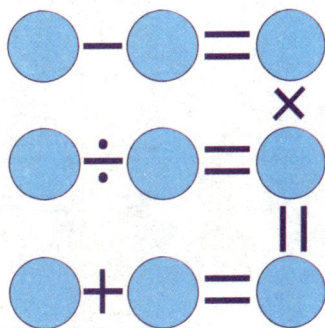

月月家里来了11位同学。月月的爸爸想用苹果来招待这12位小朋友，可是家里只有7个苹果。怎么办呢？不分给谁也不好，应该每个人都有份。那就只好把苹果切开了，可是又不好切成碎块，月月的爸爸希望每个苹果最多切成4块。

应该怎么分苹果才合理呢？

386 巧分苹果

387 数字组合

从右边的数字中随便找出3个数字组成一个号码，但其中任意2个数字不能来自同一行或同一列。判断哪组号码能被3除尽。这样选择的号码无法被3除尽的可能性有多少？

388 面积缩小一半

用12根火柴棒可以摆成一个直角三角形。现在只需要移动其中的4根火柴棒就可以把三角形的面积缩小一半。想想该怎么摆？一共有几种摆法？

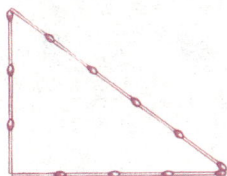

389

乌龟和青蛙的赛跑

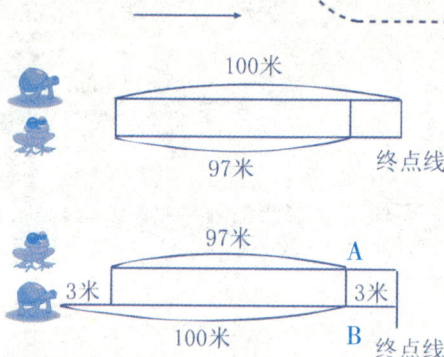

100米

97米

终点线

97米

A

3米

3米

100米

B

终点线

乌龟大哥自从和兔子赛跑输了以后，就发誓再也不和兔子比赛了，改和青蛙进行100米比赛。结果，乌龟以3米之差取胜，也就是说，乌龟到达终点时，青蛙才跑了97米。青蛙有点不服气，要求再比赛一次。这一次乌龟从起点线后退3米开始起跑。假设第二次比赛两人的速度保持不变，谁赢了第二次比赛？

390

最大的数

用3个9所能写出的最大的数是多少？

391

排队

问：10个人要站成5排，每排要有4个人，怎么站？

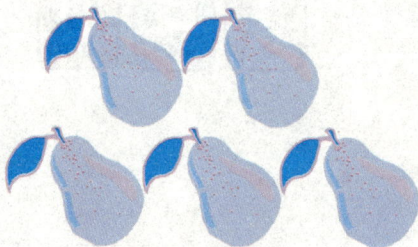

392

5个鸭梨6个人吃

蕾蕾家里来了5位同学。蕾蕾想用鸭梨来招待他们，可是家里只有5个鸭梨，怎么办呢？谁少分一份都不好，应该每个人都有份（蕾蕾也想尝尝鸭梨的味道）。那就只好把鸭梨切开了，可是又不好切成碎块，蕾蕾希望每个鸭梨最多切成3块。于是，这就又面临一个难题：给6个人平均分配5个鸭梨，任何一个鸭梨都不能切成3块以上。蕾蕾想了一会儿就把问题给解决了。你知道她是怎么分的吗？

393

月牙

月初的时候，月亮显现出来的是月牙形。请你用两条直线把一个月牙形分成六部分。

394

书虫啃书

如图，书架上放着4本书，分为1～4册。每本书的厚度都是3厘米，封面和封底的厚度都是1毫米。有一只书虫钻进了书中，它从第一册的封面开始啃书，一直啃到第四册的封底。你能计算出这只书虫啃了多少厚度的书吗？

395

切煎饼

张师傅是一个烙煎饼的。有一次，一位顾客说家里来了很多客人，所以他想请张师傅尽最大努力把一张煎饼切成8块，但只能切三刀。张师傅真的用三刀把顾客的要求给满足了。你知道张师傅是怎么切的吗？

396

果汁的分法

7个满杯的果汁、7个半杯的果汁和7个空杯，平均分给3个人，该怎么分？

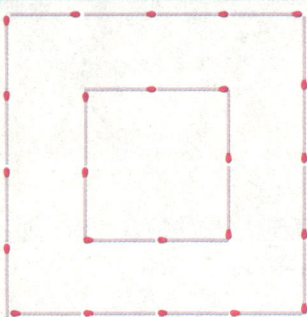

397 变出 3 个正方形

左图是用24根火柴棒排成的一大一小两个正方形，只能移动其中的4根火柴，使其变成3个正方形。你会吗？

398 台阶有多少个

水水和果果在玩跳台阶的游戏。水水每一步跳2个台阶，最后剩下1个台阶；果果每一步跳3个台阶，最后会剩下2个台阶。水水计算了一下：如果每步跳6个台阶，最后剩5个台阶；如果每步跳7个台阶，正好一个不剩。

你知道台阶到底有多少个吗？

399 猜拳

猜拳是一个很有技巧性的游戏。假设规定双方出的相同拳法不能连续出2次，连猜10次决定胜负。你该怎么做才能取胜？

400 趣味金字塔

观察金字塔中数字的摆放规律，求A、B、C的值。

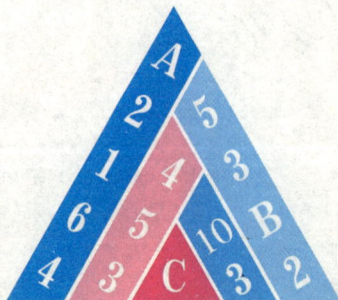

第八部分

逻辑思维游戏

逻辑思维又称抽象思维，是思维的一种高级形式。通过锻炼逻辑思维，可以使人更准确、更广泛地把握客观事物，尤其是在对诸纷繁复杂的事情时，起到"资其定法，发其百思"的作用。

401 天平不平

这里有一个天平和13块重量相同的金条。现在在左边离轴心3格的那个秤盘里放了8块金条，在右边离轴心4格的秤盘里放了4块金条，天平不平。已知每个秤盘和金条的重量相同，请你移动1块金条，使天平恢复平衡。想想该怎么移动？

402 三只难以对付的八哥

罗伯特、丽萨、艾米是三只八哥，它们分别来自三个国家。其中来自A国的八哥一直说真话，来自B国的八哥一直说假话，来自C国的八哥特别有意思，它总是先说真话再说假话。

对于这3只难以对付的八哥，饲养员偷偷地录下了他们的对话，请你根据它们的对话分别说出这3只八哥分别来自哪个国家？

罗伯特说："艾米来自C国，我来自A国。"

丽萨说："罗伯特来自B国。"

艾米说："丽萨来自B国。"

403 刑警抓歹徒

在一次集中的抓捕行动中，一名刑警紧追一名歹徒，就在刑警将要把罪犯抓捕归案的时候，歹徒跑到了一个圆形的大湖旁边，跳上岸边唯一的一只小船拼命地向对岸划过去。刑警不甘心就这样让歹徒逃走，他骑上一辆自行车沿着湖边向对岸追去。现在知道刑警骑车的速度是歹徒划船速度的2.5倍。请想想：在湖里面的歹徒还有逃脱的可能性吗？

404 小猫的名字叫什么

在右边图中的宠物照片中，有6只小猫的照片，它们看起来很相似，但名字是不一样的。

①叫做"咪咪"的是在上面一排里。

②叫做"花花"和"球球"的在同一排里。

③叫做"花花"的(不是D)在"咪咪"的左边。

④"球球"的左边是"B或E"，"黑黑"在中央位置(B或E)。

⑤叫做"忽忽"的在"兰兰"的右侧。

请问：这6只小猫的名字分别叫什么？

405 爱说假话的兔子

有4只兔子，年龄从1~4岁各不相同。它们中有两只说话了，无论谁说话，如果说的是比它大的兔子的话则都是假话，说的是比它小的兔子的话则都是真话。兔子甲说："兔子乙3岁。"兔子丙说："兔子甲不是1岁。"

你能知道这4只兔子分别是几岁吗？

406 谁在撒谎

有5个学生，在接受学校的小记者团采访时说了下面这些话，你来判断他们中有几个人撒了谎。

小艾说："我上课从来不打瞌睡。"

小美说："小艾撒谎了。"

小静说："我考试时从来不舞弊。"

小惠说："小静在撒谎。"

小叶说："小静和小惠都在撒谎。"

407 照片上的人

有一个人在上班时间看照片。当有人问这个人在看谁的照片时，这个人回答说："照片上的人的丈夫的母亲，是我丈夫的父亲的妻子的女儿，而我丈夫的母亲只生了他一个孩子。"

请问：这个人在看谁的照片？

408 问什么问题

古代，有A、B两个相邻的国家，A国居民都是诚实的人，B国居民都是骗子。当你问一个问题时，A国居民会告诉你正确的答案，而B国居民给你的答案都是错误的。一天，一个智者独自来到了两国中的某个国家。他分辨不清这个国家是A国还是B国，只知道这个国家的人既有本国的居民又有别国的来客。他想问这里的人"这是A国还是B国"，却又无法判断被问者的答案是否正确。智者动脑筋想了一会儿，终于想出一个办法，他只需要问他所遇到的任意一个人一句话，就能从对方的回答中准确无误地断定这里是哪个国家。

你知道智者所问的是什么问题吗？

409 坚强的儿子

从前，当古罗马城陷入纷乱的时候，有位母亲对想趁着乱世称雄的儿子这么说："如果你正直的话，就会被大众所背叛；但如果你不正直，就会被神遗弃。反正都没有好下场，你就别强出头了。"

这位坚强的儿子不但不放弃，还利用这番话中的盲点说服了他母亲。

你知道他是如何反驳的吗？

410

轮胎如何换

有一个做长途运输的司机要出发了。他用作运输的车是三轮车，轮胎的寿命是2万里，现在他要进行5万里的长途运输，计划用8个轮胎就完成运输任务，怎样才能做到呢？

411

餐厅聚会

有7个年轻人，他们是好朋友，每周都要到同一个餐厅吃饭。但是他们去餐厅的次数不同。大力士每天必去，沙沙隔一天去一次，米米每隔两天去一次，玛瑞每隔三天去一次，好好每隔四天才去一次，科特每隔五天才去一次，次数最少的是玛奇，每隔六天才去一次。

昨天是2月29日，他们愉快地在餐厅碰面了，他们有说有笑，憧憬着下一次碰面时的情景。请问：他们下一次相聚餐厅会是在什么时候？

412

猜硬币

找12枚硬币，包括1分、2分和5分，共3角6分。其中有5枚硬币是一样的，那么这5枚一定是几分的硬币？

413

休闲城镇

　　一个著名的休闲城镇里有一家餐厅、一家百货商场和一家蛋糕店。丁丁到达休闲城镇的那一天，蛋糕店正好开门营业。这个休闲城镇一星期中没有一天餐厅、百货商场和蛋糕店全都开门营业。百货商场每星期开门营业四天，餐厅每星期开门营业五天，星期日和星期三这三家单位都关门休息。在连续的三天中：

　　第一天，百货商场关门休息；

　　第二天，蛋糕店关门休息；

　　第三天，餐厅关门休息。

　　在连续的三天中：

　　第一天，蛋糕店关门休息；

　　第二天，餐厅关门休息；

　　第三天，百货商场关门休息。

　　请问：丁丁到达休闲城镇是一星期七天中的哪一天？

百货商场　　　　　　餐厅　　　　　　蛋糕店

414

互不相通的房间

　　小明有两个兄弟，他们三兄弟分别住在3个互不相通的房间，每个房间门上都有两把钥匙。

　　请问：如何安排房间的钥匙才能保证小明三兄弟随时都能进入每个房间？

415 失误的程序员

高先生是一个高级程序员，但是他最近设计的三款机器人却出了一点问题：有一个永远都说实话，有一个永远都说谎话，另一个则有时说实话，有时说谎话。高先生不知道怎么分辨它们，就请高博士为他帮忙。

高博士一看，随口问了3个问题就知道怎么分辨了。他的问题是：

问左边的机器人："谁坐在你旁边？"机器人回答："诚实的家伙。"

问中间的机器人："你是谁？"机器人回答："总是犹豫不决的那位。"

问右边的机器人："坐在你旁边的是谁？"机器人回答："说谎话的家伙。"

根据上面3个问题及其回答，推测它们的身份。

416 环球飞行

某航空公司有一个环球飞行计划，但有下列条件：每个飞机只有一个油箱，飞机之间可以相互加油（没有加油机）；一箱油可供一架飞机绕地球飞半圈。为使至少一架飞机绕地球一圈，至少需要出动几架次飞机（包括绕地球一周的那架在内）？

注意：所有飞机从同一机场起飞，而且必须安全返回机场，不允许中途降落，中间没有飞机场。加油时间忽略不计。

417 一条漂亮的裙子

B盒没说谎，礼物在A盒

A盒在说谎，礼物在B盒

小新快过生日了，妈妈给她准备了一个生日礼物——一条漂亮的裙子。为了考验一下小新，妈妈将礼物放在下面的两个盒子当中的一个里面，两个盒子上面分别系有一张纸条。小新一看，就知道礼物在哪个盒子里，你知道吗？

418 无价之宝

一位在南美洲淘金的老财主不仅淘到了大量的金子，而且淘到了许多钻石。为了向别人炫耀自己的富有，他决定用自己淘到的钻石镶一个世界上绝无仅有的无价之宝。他决定，第一天从保险柜里取出一颗钻石；第二天，取出6颗钻石，镶在第一天那一颗钻石的周围；第三天，在其（如右图）外围再镶一圈钻石，变成了两圈。每过一天，就多了一圈。这样做7天以后，镶成了一个巨大的钻石群。请问，这块无价之宝一共有多少颗钻石？

419 分机器人

8个孩子分32个机器人，分法如下：燕妮得到1个机器人，玫利得到2个，培拉3个，米奇4个，男孩凯德·史密斯得到的机器人和他妹妹的一样多，汤米·安德鲁得到的是他妹妹的2倍，比利·琼斯分得的机器人是他妹妹的3倍，洛克·哈文得到的是他妹妹的4倍。请你猜猜上面4个女孩的姓氏。

提示：在西方人名中，姓氏居后，如汤米·安德鲁的姓氏的安德鲁。

420 谁击中了杀手

拿破仑身边有A、B、C、D、E、F、G、H八个保镖。一次，有个杀手谋杀拿破仑未遂，正在逃跑的时候，八个保镖都开枪了，杀手被其中一个人的子弹击中了，但不知道是谁击中的，下面是他们的谈话：

A："可能是H击中的，或者是F击中的。"

B："如果这颗子弹正好击中杀手的头部，那么是我击中的。"

C："我可以断定是G击中的。"

D："即使这颗子弹正好击中杀手的头部，也不可能是B击中的。"

E："A猜错了。"

F："不会是我击中的，也不是H击中的。"

G："不是C击中的。"

H："A没有猜错。"

事实上，八个保镖中有三个人猜对了。你知道谁击中了杀手吗？假如有五个人猜对，那么又是谁击中了杀手呢？

421 玻璃是谁打碎的

有甲、乙、丙、丁四个小朋友在踢足球。其中一个孩子不小心把足球踢到楼上，打碎了李奶奶家的玻璃。李阿姨非常生气地走下楼来，问是谁干的。甲说是乙干的，乙说是丁干的，丙说他没干，丁说乙在撒谎。他们四个当中，有三个说了假话。

你知道是谁打碎了李阿姨家的玻璃吗？

谁砸了我家的窗户？

122 神秘岛上的规矩

有一位商人到一个盛产美女的神秘岛上想要娶一位妻子。岛上的居民不论男女，可分为：永远说真话的君子；永远撒谎的小人；有时讲真话、有时撒谎的凡夫。商人从甲、乙、丙3人中选一个做妻子。这3个美女中有一个是君子，一个是小人，一个是凡夫，而凡夫是由狐狸变的美女。按照岛上的规定，君子是第一等级，凡夫是第二等级，小人是第三等级。岛上的长老允许商人从3位美女中任选一位，并向她提一个问题，而这个问题只能用"是"或者"不是"来回答。

请问：商人应该问一个什么问题才能保证不会娶到由狐狸变的凡夫呢？

123 玩具世界

多多最喜欢买玩具，她的屋子简直成了一个玩具世界。

在她的玩具中：扔掉两只之后都是狗；扔掉两只之后都是熊猫；扔掉两只之后都是洋娃娃。

请问：多多都有一些什么玩具？

124 他们点的什么菜

阿德里安、布福德和卡特3人常结伴去餐馆吃饭，他们每人要的不是火腿就是猪排。我们已知下列情况：

① 如果阿德里安要的是火腿，那么布福德要的就是猪排。

② 阿德里安或卡特要的是火腿，但是两人不会都要火腿。

③ 布福德和卡特两人不会都要猪排。

你知道谁昨天要的是火腿，今天要的是猪排吗？

425 野炊分工

兄弟4人去野炊，他们一个在挑水，一个在烧水，一个在洗菜，一个在淘米。现在知道：老大不挑水也不淘米；老二不洗菜也不挑水；如果老大不洗菜，那么老四就不挑水；老三既不挑水也不淘米。

你知道他们各自在做什么吗？

126 谁是班长

甲、乙、丙是同班同学，其中一个是班长，一个是学习委员，一个是小组组长。现在已知道：丙比组长年龄大，学习委员比乙年龄小，甲和学习委员不同岁。你知道他们3个人分别担任什么职务吗？

427 年龄的秘密

A、B、C三人的年龄一直是一个秘密。将A的年龄数字的位置对调一下，就是B的年龄；C的年龄的两倍是A与B两个年龄的差；而B的年龄是C的10倍。

请问：A、B、C三人的年龄各是多少？

428 蚂蚁过地下通道

一只蚂蚁在地下通道里爬行，对面又来了一只。由于通道非常狭窄，只能单只通过。幸好，通道一侧有个凹处，刚好能容得下一只蚂蚁，可不巧的是，里面有一个小沙粒，把它移出来后又把通道堵住了，还是无法通行。两只蚂蚁应该怎么做才能都顺利通过呢？

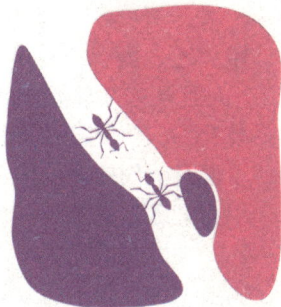

429　姑娘与魔鬼

月亮宫里住着4个姑娘（光光、木木、乔乔、贝贝）。她们之中的一个人变成了魔鬼(假如叫做木木的女子变成了魔鬼，那么如果她说："我不是木木"的话，要看做是实话)。另外，她们之中有一个人经常撒谎(有可能是变成魔鬼的女子)，其他人都不撒谎。但是大家都不知道谁变成了魔鬼。

有一天，她们的对话被吴刚听到。请根据吴刚的记录说说这4个人的名字分别是什么，是谁变成了魔鬼。

头戴黄色头冠的女子说："我不是贝贝，佩戴蓝色头冠的人是木木。"
头戴白色头冠的女子说："我不是贝贝，头戴黑色头冠的人是乔乔。"
头戴蓝色头冠的女子说："我不是木木。"
头戴黑色头冠的女子说："头戴黄色头冠的女子是光光。"

430　骗子村的老实人

刚搬到骗子村的老实人显然还不太习惯骗子村的生活方式。因此，他只有在星期一说谎，其他的日子说的都是真话。

请问：老实人在星期二说的话是什么呢？

431　谁是老实人

甲、乙、丙、丁、戊5个人当中，有2个人是从来不说谎的老实人，但是另外3个人是总说谎的骗子。

下面是他们所说的话：
甲："乙是骗子。"
乙："丙是骗子。"
丙："戊是骗子。"
丁："甲和乙都是骗子。"
戊："甲和丁都是老实人。"
根据以上的对话，请找出老实人是哪两位。

432 扑克牌

龙先生正和他生意上的朋友一起玩扑克牌。龙先生手上拿到了13张牌。黑桃、红桃、梅花、方块这四种图案都至少有一张以上，但是，每种图案的张数都不一样。黑桃跟红桃的张数合计是6张。黑桃跟方块的张数合计是5张。龙先生手中有一种相同花色的扑克牌是2张。

请问：有2张牌的花色是什么？

433 珠宝公司的刁钻奖励

瑞芳在一家珠宝公司工作，由于她工作积极，所以公司决定奖励一条金链。这条金链由7个环组成，但是公司规定，每周她只能领一个环，而且切割费用由自己负责。

这让瑞芳感到为难，因为每切一个金环，就需要付一次昂贵的费用，再焊接起来还要一笔费用，想想真不划算。聪明的瑞芳想了一会儿之后，发现了一个不错的方法，她不必将金链分开成7个了，只需要从中取出一个金环，就可以每周都领一个金环，她是怎么做到的呢？

434 小花猫搬鱼

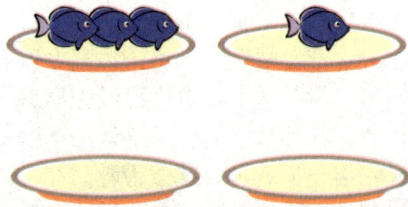

小花猫有4只盘子，其中一个盘子里有3条鱼，另外一只盘子里有1条鱼，还有两个盘子没有鱼。小花猫尽力克制住自己想吃的欲望，把鱼集中到一个盘子里一起吃，但是它每次只会从两只盘子里分别拿出一条鱼放到第三个盘子里。

请问：小花猫要搬运几次，才能把所有鱼都集中到一个盘子里面去并且让每个盘子都能使用到？

435 死囚

一位法官判处罪犯为死罪，这个人听到消息后非常恐惧。法官下令：从明天开始，到第七天傍晚，必须把这个死囚拖到刑场绞死。但如果在处决他的那一天早晨死囚知道了自己要被处以绞刑，那么这一天就不能处死他。死囚听到这个规定后非常地高兴，认为自己不可能被处死了。你觉得可能吗？

436 一句话定生死

有个国王想处死一个囚犯，他决定让囚犯们自己选择是砍头还是绞刑。选择的方法是：囚犯可以任意说出一句话来，如果是真话，就处绞刑，如果是假话，就砍头。

这个聪明的囚犯来到国王面前问："如果我说出了一句话，你们既不能绞死我，也不能砍我的头，怎么办？"

"如果真是那样的话，我就释放你。"国王说。

这个囚犯说了一句话，果然十分巧妙。国王听了左右为难，但又不能言而无信，只好把这位聪明的囚犯释放了。

你知道聪明的囚犯说了什么话吗？

437 稳操胜券

赌局现在到了最后决出胜负的关键时刻。

蒋老大非常幸运地赢了700根金条，现居第一名。第二名的贾老大稍微落后，赢了500根金条。其余的人都已经输光了。

3X　　**奇数　偶数**

蒋老大犹豫着，要将手上的筹码押一部分在"偶数"或"奇数"上，赢的话赌金就可以变成两倍。另一边，贾老大已经把所有筹码都押在"三的倍数"上，运气好的话赌金可以变成三倍，他就可以反败为胜。

请问：蒋老大应该怎么下注才能稳操胜券呢？

438

罪犯

有一位银行行长被谋杀了。

警方经过一番努力搜查，将大麻子、小矮子和二流子三个嫌犯带回问讯，他们的供词如下：

大麻子："小矮子没有杀人。"

小矮子："他说的是真的！"

二流子："大麻子在说谎！"

结果是，3人中有人说谎，不过真正的犯人说的倒是实话。

请问：哪一个是杀人犯？

439

十枚硬币

有10枚硬币，甲、乙两人轮流从中取走1枚、2枚或者4枚硬币，谁取最后一枚硬币就算输。请问：该怎么做才能获得胜利？

440

期末考试的成绩

在一次期末考试中，婷婷、亮亮、佳佳、小美获得了前四名。成绩公布前，他们作了一次自我估计：

婷婷说："我不可能得到第四名。"

亮亮说："我能得到第二名。"

佳佳说："我比婷婷高一个名次。"

小美说："我比佳佳高两个名次。"

成绩公布之后，他们之中只有一个人估计错了。

请问：他们各自得了第几名？

441 带魔法的饰物

有4个女子，其中1人有魔法，她经常撒谎。拉拉和另外两个人是好孩子，她们从不说谎。4个人都系绿色围巾，其中的2条围巾是有魔法的，系上这两条围巾即使是好孩子也会说谎；而且，4个人又都戴着黄色蝴蝶发带，其中的2条发带是有魔法的，它会使魔法围巾的魔法消失。但是，它对有魔法的女子是没有效果的。

蕾蕾说："思思系着有魔法的围巾。"

思思说："平平戴着有魔法的蝴蝶发带。"

平平说："拉拉系着魔法围巾。"

拉拉说："思思是有魔法的女子。"

请问：哪两个人系着魔法围巾，哪两个人戴着魔法发带呢？另外，哪一个是有魔法的女子呢？

442 门铃逻辑

某户人家的门铃声整天在响，令其苦不堪言。于是，他请一位朋友想办法解围。

这位朋友帮他在大门前设计了一排6个按钮，其中只有一个是通门铃的。来访者只要摁错了一个按钮，哪怕是和正确的同时摁，整个电铃系统将立即停止工作。

在大门的按钮旁边，贴有一张告示，上面写着："A在B的左边；B是C右边的第三个；C在D的右边；D紧靠着E；E和A中间隔一个按钮。请摁上面没有提到的那个按钮。"

这6个按钮中，通门铃的按钮处于什么位置？

443 12点的位置要经过多少次

请问：从8点整到9点整，手表的秒针经过12点要多少次？

444 教授的课程

张教授、赵教授、彭教授三人每人分别担任生物、物理、英语、体育、历史和数学6科中两门课程的教学工作。现在，我们知道以下信息：

① 物理教师和体育教师是邻居；

② 张教授在三人中年龄最小；

③ 彭教授、生物教师和体育教师三个人经常一起从学校回家；

④ 生物教师比数学教师年龄要大些；

⑤ 假日里，英语教师、数学教师与张教授喜欢打排球。

你知道三位教授各担任哪两门课程的教学工作吗？

445 不可靠的预测机

人工智能专家发明了一个预测机，任何一个人都可以问它一小时之中会不会发生某件事。如果预测机预知这件事会发生，就亮绿灯，表示"会"；如果亮红灯，就表示"不会"。这个机器一经推出就受到很多人的欢迎，特别是警察局的警员，因为这样可以减轻他们的工作任务。但只有局长不高兴，因为他知道预测机根本就不可靠，他的担心用一句话就可以验证。

请问：你知道局长想到了一句什么话吗？

446 赌徒的谎言

警察在车厢里发现一伙人赌博，他们是张三、李四、王五、阿七。在审问他们谁是老大时，他们的回答各不相同。

张三说："老大是王五。"

李四说："我不是老大。"

王五说："李四是老大。"

阿七说："张三是老大。"

经过了解，这一伙人中只有一个人说的是实话，其他三人说的都是假话。

警长问他的部下："知道谁是头儿吗？"

部下指着一个人说："是他。"

请问：你知道"他"是谁吗？

447

魔鬼与天使

魔鬼说出口的都是假话，而人有时说假话，有时说真话，天使则总是说真话。

现在甲说："我不是天使。"乙说："我不是人。"而丙则说："我不是魔鬼。"你能判断出他们的身份吗？

448

篮球比赛

某县的五所中学进行篮球比赛，每所中学互赛一场进行循环赛。比赛的结果如下：

一中：2胜2败

二中：0胜4败

三中：1胜3败

四中：4胜0败

请问：五中的成绩如何？

449

游泳冠军

甲、乙、丙、丁4人进行一次游泳比赛，最后分出了高低。但这4个人都是出了名的撒谎者，他们所说的游泳结果是：

甲：我刚好比乙先到达终点。我不是第一名。

乙：我刚好比丙先到达终点。我不是第二名。

丙：我刚好比丁先到达终点。我不是第三名。

丁：我刚好比甲先到达终点。我不是最后一名。

上面这些话中只有两句是真话，取得第一名的那个人至少说了一句真话。

请问：这4人中谁是游泳冠军？

450
狗狗们的话

德拉家和卡卡家共有4条狗，名字分别是多多、依依、咪咪、汪汪，主人喜欢把它们打扮得漂漂亮亮的。一天，它们说了如下的话，在这些话中，如果是关于自己家的话就是真实的，如果是关于别人家的话就是假的。

穿棕衣服的狗狗："穿黄衣服的是多多，穿白衣服的是依依。"

穿黄衣服的狗狗："穿白衣服的狗狗是咪咪，穿灰衣服的狗狗是汪汪。"

穿白衣服的狗狗："穿灰色衣服的狗狗是多多。"

穿灰衣服的狗狗："穿棕衣服的狗狗是多多，穿白衣服的狗狗是卡卡家的狗狗。"

请问：这4条狗狗分别是谁家的？

451
裙子是什么颜色

娜娜最近买了一条新款淑女裙。朋友们急着想一睹风采，可娜娜却还在卖关子，只给她们一个提示："我这条裙子的颜色是红、黑、黄三种颜色其中的一种。"

"娜娜一定不会买红色的。"小晓说。

"不是黄的就是黑的。"童童说。

"那一定是黑的。"光子说。

最后，娜娜说："你们之中至少有一个人是对的，至少有一个人是错的。"

请问：娜娜的裙子到底是什么颜色的呢？

452 纸牌游戏

有9张纸牌，分别为1～9。甲、乙、丙、丁4人取牌，每人取2张。现已知甲取的两张牌之和是10；乙取的两张牌之差是1；丙取的两张牌之积是24；丁取的两张牌之商是3。

请说出他们4人各拿了哪两张纸牌，剩下的一张又是什么牌。

453 谁姓什么

大明、二明、三明、四明的姓各自是"张"、"王"、"李"和"赵"。

①大明的姓是"王"或"李"其中的一个。
②二明的姓是"张"或"王"其中的一个。
③三明的姓是"张"或"李"其中的一个。
④姓"王"的人，是大明或四明其中的一个。
猜猜这4个人的姓名。当然，4个人的姓都不一样。

454 九枚硬币

桌上放有9枚硬币，双方轮流从中取走1枚、3枚或4枚硬币。谁取走最后一枚硬币谁就赢了。请问：应该怎样才能制胜？

455 李经理的一周行程

下个星期李经理的活动安排是：参观科技馆；去税务所；去医院看外科；还要去宾馆午餐。宾馆是在星期三停止营业；税务所是星期六休息；科技馆在周一、三、五开放；外科大夫每逢周二、五、六坐诊。那么李经理应该在星期几才能在一天之内完成所有事情呢？

第九部分

演绎思维游戏

对事物的特点或者情况进行归纳、推理，
进而提高对类似事物的推理认知能力。

音乐会上的阴谋

456

直到音乐会开幕的当晚，格雷对他的两个得意门生巴蒂和埃利谁将首次登台独奏小提琴，仍然犹豫不决。开幕前15分钟，他告知巴蒂准备出场演奏，然后将这个决定告知埃利，埃利感到很遗憾。

10分钟之后，格雷去叫巴蒂准备出场，却发现巴蒂倒毙在小小的化妆间，头部中弹，血流满地。格雷慌忙敲开舞台侧门，将这一惨案报告尼克探长。

探长见开场时间已到，就极力劝格雷先别声张，继续演出，然后他走进埃利的化妆室。埃利听到最后决定让他登台时，没有询问情由，便拉拉领带，拿起琴和弓，随格雷登台去了。

当听众如痴如醉地沉浸在优美的乐曲中时，尼克探长却拿起电话通知警察前来逮捕这位初露头角的小提琴手。

你知道探长为什么要逮捕埃利？

457

谁在前面，谁在后面

甲、乙、丙、丁、戊、己6个人排成一排开始训练。己没有排在最后，而且他和最后一个人之间还有两个人；戊不是最后一个人；在甲的前面至少还有四个人，但他没有排在最后；丁没有排在第一位，但他前后至少各有两个人；丙没有排在最前面，也没有排在最后。

请问：他们6个人的顺序是怎么排的？

458

雪地上的脚印

在一个积雪厚达30厘米的严冬的早晨，罪犯在自己家中杀人后，穿过一片空地，将尸体扛到邻居一所正在建造中的空房内，转移了杀人现场。然后他顺原路返回家中，拨通了报警电话，装作若无其事的样子说发现有人被害了。

警探赶到后，查看了那个人往返现场时留在雪地上的脚印，便厉声呵斥说："你在说谎，凶手就是你！"

你知道警探是怎么判断的吗？

459 鸵鸟蛋

甲、乙、丙、丁4个人暑假里到4个不同的岛屿去旅行，每个人都在岛上发现了鸵鸟蛋(1个到3个)。4人的年龄各不相同，从18岁到21岁。

目前只知道下列情况：

①丙是18岁。

②乙去了A岛。

③21岁的男孩发现的蛋的数量比去A岛的男孩少1个。

④19岁的男孩发现的蛋的数量比去B岛的男孩少1个。

⑤甲发现的蛋和去C岛的男孩发现的蛋之中，有一处是2个。

⑥去D岛的男孩发现的蛋比丁发现的蛋要少2个。

请问：他们分别是多少岁？分别在哪个岛上发现了多少个鸵鸟蛋？

460 羽毛球能手

张老师、他的妹妹、他的儿子和女儿都是羽毛球能手。关于这4人的情况如下：

① 常胜将军的双胞胎兄弟或姐妹与表现最差的人性别不同。

② 常胜将军与表现最差的人年龄相同。

请问：这4人中谁是常胜将军？

461 迷雾重重的盗窃案

雷米警长正在盘问一宗盗窃案的5个嫌疑犯，他们当中只有3个人说的是真话。根据他们的说辞，你能猜出谁是小偷吗？

A：D是小偷。

B：我是无辜的。

C：E不是小偷。

D：A说的是谎话。

E：B说的是真话。

462 真正的朋友

玛丽气质高雅、乐于助人，是班上9个同学希望交往的对象。而且这9个人之中，有一个人是玛丽真正的朋友。下面是这9人的话，假设其中只有4人说实话，那么究竟谁才是玛丽真正的朋友呢？

A：我想一定是G。B：我想是G。C：我是玛丽真正的朋友。D：C在说谎。E：我想一定是I。F：不是我也不是I。G：F说的是实话。H：C是玛丽真正的朋友。I：我才是玛丽真正的朋友。

463 如何过河

明明牵着一只狗和两只小羊回家，路上遇到一条河，没有桥，只有一条小船，并且船很小，他每次只能带一只狗或一只小羊过河。你能帮他想想办法，把狗和小羊都带过河去，又不让狗吃到小羊吗？

464 杰克是哪里人

在一次国际范围的户外活动中，聚集了好几个国家的人。现在知道：所有的英国人穿西装；所有的美国人穿休闲服；没有既穿西装又穿休闲服的人；杰克穿休闲服。

根据以上条件，下面哪个说法一定是正确的？

杰克是英国人；

杰克不是英国人；

杰克是美国人；

杰克不是美国人。

465

谁男谁女

皮特夫妇有7个子女，老大至老七分别为甲、乙、丙、丁、戊、己、庚。目前我们知道7个人的如下情况：

①甲有3个妹妹；

②乙有一个哥哥；

③丙是女的，她有两个妹妹；

④丁有两个弟弟；

⑤戊有两个姐姐；

⑥己也是女的，但她和庚没有妹妹。

根据这些条件，你能推算出谁是男性，谁是女性吗？

466

圣诞聚会

5个圣诞老人约好周末参加一次圣诞聚会。他们都不是在同一个时间到达约会地点的：A不是第一个到达约会地点；B紧跟在A的后面到达约会地点；C既不是第一个也不是最后一个到达约会地点；D不是第二个到达约会地点；E紧跟在D之后到达约会地点。

你知道他们到达约会地点的先后顺序吗？

467

赴宴会

有三对新婚夫妇住在同一个院子里。这天他们都收到了请帖要到西城区去赴宴会，但门外只停着一辆能容纳两人坐的小汽车，而且没有司机。每个丈夫都嫉妒心强，随时都要保护他美丽的新娘，不让自己的新娘和别的男子在一起。

请问：这三对夫妇该如何赴宴会？最少要往返多少次？

468 谁是体操全能冠军

去年夏天，兄弟3人分别参加了三项体育竞赛，即体操、撑竿跳和马拉松。

已知的情况是：老大没去参加马拉松比赛；老三没有参加体操比赛项目；在体操比赛中获得全能冠军称号的那个孩子，没有参加撑竿跳；马拉松冠军并非老三。

你能判断出谁是体操全能冠军吗？

469 电影主角

怀特有两个妹妹：贝尔和卡斯；怀特的妻子费伊·布莱克有两个弟弟：迪安和埃兹拉。他们6人中有一位担任了一部电影的主角，其余5人中有一位是该片的导演。

怀特家	布莱克家
亚历克斯：舞蹈家	迪安：舞蹈家
贝尔：舞蹈家	埃兹垃：歌唱家
卡斯：歌唱家	费伊：歌唱家

① 如果主角和导演是亲属，则导演是个歌唱家；不是亲属，则导演是位男士。

② 如果主角和导演职业不同，则导演姓怀特。

③ 如果主角和导演性别相同，则导演是个舞蹈家；性别不同，则导演姓布莱克。

请问：谁是电影主角？

470 昆虫聚会

图 A

图 B

蜜蜂、蝴蝶、蜻蜓如图A所示正排队参加昆虫聚会。忽然，队长让它们变成了如图B的排列。如果：

①相邻的叶子是空的，就可以飞过去。

②隔一个叶子相邻的叶子是空的，也可以飞过去。

③不可以两只昆虫同时停在一片叶子上。

请问：它们一共要飞几次才能完成图B的顺序呢？

471

酒店挟持案

福特在金冠大酒店被歹徒挟持，歹徒逼迫他给家里报平安。福特的电话内容是这样的：

"亲爱的罗莎，您好吗？我是福特，昨晚不舒服，不能陪您去夜总会，现在好多了，多亏金冠大酒店经理送的特效药。亲爱的，不要和我这样的'坏人'生气，我们会永远在一起的，请您原谅我的失约，我的病不是很快就好了吗？今晚赶到您家时再向您道歉，可别生我的气呀!好吧，再见!"

可是5分钟后，警察突然出现在他们面前，歹徒不得不举手投降。你知道福特是怎么报案的吗？

472

玛瑙戒指

有4个可爱的女子，其中有1人是有妖性的女子，她常常撒谎，其他3人是单纯的女子，从不撒谎。她们每个人都戴着一个戒指，其中的一个戒指是玛瑙戒指，戴着它的人，无论是单纯的女子还是有妖性的女子，都会说谎。而且，她们互相都知道谁是有妖性的女子，谁是戴玛瑙戒指的女子。

请根据以下对话，推断到底谁是有妖性的女子，谁戴着玛瑙戒指呢？

拉拉说："我的戒指不是玛瑙戒指。"

奇奇说："天天是妖性女子。"

天天说："戴着玛瑙戒指的是兜兜。"

兜兜说："天天不是有妖性的女子。"

473

礼服和围巾的问题

3件晚礼服

3件围巾

2件晚礼服
1条围巾

在图中有3个礼盒，盒子上都有标签，但是这些标签和内容都完全不对应。请问：你应检查哪几个盒子里的物品，才能确定哪只盒子里有什么物品？

474 嗜酒如命的人的礼品

有5个嗜酒如命的人，他们的绰号分别是
"威士忌"、"鸡尾酒"、"茅台"、"伏特加"
和"白兰地"。某年圣诞节，他们之中的每一个人，都向其他4个人中的某一个人赠送了一瓶酒；没有两个人赠送的是相同的礼品；每一件礼品都是他们中某个人的绰号所表示的酒；没有人赠送或收到的礼品是他自己的绰号所表示的酒。"茅台"先生送给"白兰地"先生的是鸡尾酒；收到白兰地酒的先生把威士忌酒送给了"茅台"先生；其绰号和"鸡尾酒"先生所送的礼品名称相同的先生把自己的礼品送给了"威士忌"先生。

请问："鸡尾酒"先生所收到的礼品是谁送的？

林林　佳佳　花子　沙沙

475 谁在谁的左边

左边和右边是一个很简单的问题，可往往有人会把它们弄混。请试试下面这个问题：

林林的左边是佳佳，佳佳的左边是花子，花子的左边是沙沙。

请问：沙沙永远都在林林的左边吗？

476 离奇的命案

在海边沙滩上，发生了一桩离奇的命案，死者是黑社会某帮派老大。本来，像死者这样的人应该有保镖跟随，但在案发当日，死者却在独自享受日光浴，把保镖支开了，想不到就出事了。

当莫斯探长赶到现场侦察时，发现死者是在沙滩上被人用太阳伞尖刺毙的，沙滩上除了保镖的足迹和那些东倒西歪的桌椅外，再也找不到第二个人的足迹(包括被害者的在内)。据调查，保镖是不可能杀害老大的，那凶手是怎样逃走的呢？

探长沉思了一会儿后说："我知道谁是凶手了。"

你知道凶手是谁吗？

477 谁和谁是一家

有4个男孩(童童、壮壮、可可、丁丁)，分别是两对兄弟：童童和壮壮是兄弟，可可和丁丁是兄弟。他们4个人说了如下的话，如果说的是兄弟，则话都是真实的；如果说的不是兄弟，则话都是假的。

跑步的男孩说："拿着长笛的男孩是可可。"

拿着长笛的男孩说："溜冰的男孩是丁丁。"

溜冰的男孩说："拿着书的男孩是童童。"

拿着书的男孩说："拿长笛的男孩不是丁丁。"

根据以上对话，说出这几个男孩分别是谁，谁和谁是一家的。

478 宇宙飞船里的稀客

有一天，在广阔的西伯利亚地面上降落了一艘子弹头式的宇宙飞船，随后从里面下来5个穿着奇异服装的稀客，有两个人是火星人，其余的是水星人。

面对新闻媒体的热烈采访，5人的发言如下。其中的4个人说了真话，有一人撒谎。

阿波罗说："泰勒和比尔两者之中只有一个是火星人。"

泰勒说："比尔和费卢之中有一个是水星人。"

比尔说："帕萨斯和费卢之中有一个人是水星人。费卢和阿波罗来自不同星球。"

费卢说："比尔和莱布之间至少有一个人是火星人。"

莱布说："阿波罗和泰勒之中有一个人是火星人。"

请问：他们之中哪几个是火星人，哪几个是水星人？

479 两个乒乓球

小雪一直吵着要明明陪她一起打乒乓球。明明被吵得实在受不了，于是想了一个妙计："小雪，这袋子里放了两个乒乓球，一个黄色的，另一个是白色的。现在，要你伸手进去拿乒乓球。如果你拿到黄色的，我陪你玩，但如果拿到白色的，就要放弃了，而且不能再吵我！"

小雪的眼睛顿时亮了起来，但此时却瞥见转过身的明明放了两个白色乒乓球进去。那么，不论她拿到哪一个都会是白色的。

请问：小雪是不是玩不成乒乓球了？

480 四个兄弟一半说真话

劳斯生有 4 个儿子，3 个哥哥都生性顽劣，只有最小的弟弟善良淳朴。不过二哥也还算善良，也会说真话。

下面是他们关于年龄的对话。
劳拉："劳莎比劳特年龄小。"
劳莎："我比劳拉小。"
劳特："劳莎不是三哥。"
劳茵："我是长兄。"
你能判断他们的年龄顺序吗？

481 舞蹈老师

学校来了A、B、C、D、E 五位应聘舞蹈老师的女士。她们当中有两位年龄超过30岁，另外3位小于30岁。而且有两位女士曾经是老师，其他的3位是秘书。现在只知道A和C属于相同的年龄档，而D和E属于不同的年龄档。B和E的职业相同，C和D的职业不同。但是校长只想挑选一位年龄大于30岁的老师任舞蹈老师。你猜谁是幸运者？

第十部分

文字思维游戏

于常处出新，于新处出奇，于奇处出乐。
最普通的文字，练就最厉害的思维。

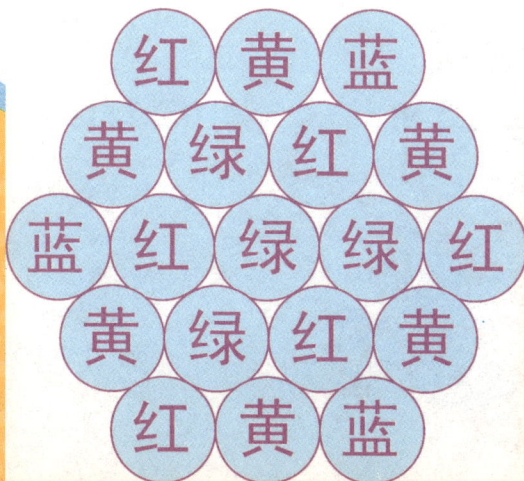

红 黄 蓝
黄 绿 红 黄
蓝 红 绿 绿 红
黄 绿 红 黄
红 黄 蓝

A E I O U

182 字母谜题

右图里哪一个字母与众不同？

183 猜中国城市名称

空中码头—（　　　　）
风平浪静—（　　　　）
快乐之地—（　　　　）
日近黄昏—（　　　　）
河湖解冻—（　　　　）
千里戈壁—（　　　　）
金银铜铁—（　　　　）
带枪的人—（　　　　）
珍珠港—（　　　　）
烽火哨—（　　　　）
银河渡口—（　　　　）
共产主义—（　　　　）.
久雨初晴—（　　　　）
秦朝的耕地—（　　　　　　）
春城无处不飞花—（　　　　　　）

184 李白买酒

李白街上走，提壶去买酒。
遇店酒加倍，见花喝一斗。
三遇店和花，喝光壶中酒。
问：壶中原有几多酒？

185 数字谜语

数字也可以做谜语，你能猜出下面各数字谜语的谜底吗？

八	（打一发型）	2.5	（打一成语）
十	（打一中药）	99	（打一成语）
九	（打一节日）	2，4，6，8	（打一成语）
九	（打一中药名）	7／8	（打一成语）
千	（打一人体部分）	1／1	（打一成语）
二	（打一成语）	1000	（打一成语）
十	（打一成语）	3^x	（打一成语）
3－2＝？	（打一成语）	3＋3	（打一名人）
100－79	（打一成语）	50＋50	（打一中药名）
3－2＝5	（打一成语）	2＋1＝3＋5	（打一数学名词）
15	（打一成语）	2＋2＝	（打一字）
15分＝1000元	（打一成语）	8	（打一出版物名词）
1／100	（打一成语）	24	（打一体育术语）
6×6	（打一成语）	100－1	（打一字）
1881—1981鲁迅	（打一成语）	0＋0	（打一京剧名）

猜一猜典故谜语 *186*

典谜是指以史实为典故，以传说故事为谜面隐喻谜底的谜语。这种特殊谜语是灯谜中的佼佼者，妙造自然，鬼斧神工。猜谜时要弄清所用典故、故事的来龙去脉以及基本内容。

（1）精忠报国。（称谓二）　　　　（2）不可沽名学霸王。（成语一）

（3）鲁达当和尚。（成语一）　　　　（4）朝辞白帝，暮至江陵。（成语一）

（5）枕中记。（《红楼梦》诗句一）

（6）孤灯挑尽未成眠。（《阿房宫赋》句一）

（7）七擒七纵。（杂志名称一）

（8）桃花潭水深千尺。（成语之一）

（9）关公坐失华容道。（字一）

（10）无面目见江东父老。（字一）

找图配词 *187*

想知道你的审美水平怎样吗？做下面3道题，测试一下。

(1)　下面三幅图中，哪一幅最能体现词语"平衡"的意义？

A　　　　　B　　　　　C

(2)　下面三幅图中，哪一幅最能体现词语"和谐"的意义？

A　　　　　B　　　　　C

(3)　下面三幅图中，哪一幅最能体现词语"优雅"的意义？

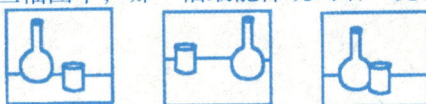

A　　　　　B　　　　　C

188 猜概念或名词

由下列给出的提示项推理一个概念或名词。
A.楚汉之争　B.纸上谈兵　　C.三十二　　D.拿不定主意（四字成语）

谜语大聚会 *189*

(1)　四四方方一块，乌乌黑黑一片，白龙弯弯一走，脚印人人看见。

（打一文化用品）

(2)　二人并肩，不缺一边，立见其可，十字撇添。

（打四字）

(3)　孔明设计过长江，苏秦说合六国邦，失掉街亭斩马谡，刘备东吴做新娘。

（打四字）

(4)　凸眼睛，阔嘴巴，尾巴还比身子大，一钻钻到草底下，开出一朵火红花。

（打一动物）

（5）黑脸包丞相，独坐中军帐，布下天罗网，单捉飞天将。

（打一动物）

（6）一个小姑娘，住在清水塘，穿件粉红衫，坐在绿船上。

（打一植物）

（7）望去青腾腾，走去腾腾青，敲开花樯门，个个着红裙。

（打一水果）

（8）表面斯文好看，肚里是筒黑炭，提起写字做文，嘴巴尖得难看。

（打一文化用品）

（9）同是四横四直，看来一高一低，若把两字拼合，变成四方整齐。

（打两字）

（10）三人同日去观花，朋友原来共一家，愁人去掉心头闷，终身不挂一根线。

（打四字）

（11）三月清明起，九月重阳散，弹起七弦琴，唱个不离山。

（打一动物）

（12）一个书生轻飘飘，摇摇摆摆上九霄，书生要到天堂去，人在凡间把手招。

（打一手工玩具）

（13）穿铜袍，戴铁帽，寸半小人脾气暴，平日不吵又不闹，一撞屁股脑袋掉。

（打一军事武器）

（14）盘绕玉柱一条龙，冰天雪地不怕风，冬天最得人人爱，立春以后无踪影。

（打一冬季用品）

（15）样子长得像水果，老了就把绿袍脱，穿上红袍惹人爱，味道酸甜又解渴。

（打一蔬菜）

190 拼字游戏

仔细观察这些图片，将它们重新排列，会拼成两个字。你猜是哪两个字？

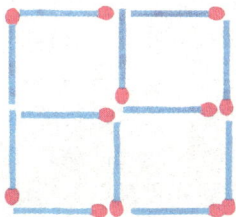

191 变字游戏

请你移动3根火柴棒，使"田"字变成"品"字。

192 唐诗填字谜

唐诗填字谜是运用灯谜"漏字法"手法，先填好唐诗句中的空格，然后顺着填进的字，运用借巧、烘托、增损等手法，另成谜底。

(1) 二十四＿＿明月夜。（戏曲影片名）

(2) 旧时王谢堂前＿＿。（影片名一）

(3) 转轴拨＿＿三两声。（影片名一）

(4) ＿＿能得几回闻。（影片名一）

(5) 今＿＿不乐思岳阳。（影片名一）

(6) 鸳鸯不独＿＿。（影片名一）

(7) 宠极＿＿还歇。（影片名一）

(8) ＿＿不与周郎便。（京剧名一）

(9) 相见时＿＿别亦＿＿。（成语一）

(10) 孤帆天＿＿看。（成语一）

(11) 言师采＿＿去。（中药名一）

(12) ＿＿长江滚滚来。（成语一）

(13) 我辈岂是蓬蒿＿＿。（成语一）

193 水果密码

经过破译敌人密码，已经知道了"香蕉苹果大鸭梨"的意思是"星期三秘密进攻"，"苹果甘蔗水蜜桃"的意思是"执行秘密计划"，"广柑香蕉西红柿"的意思是"星期三的胜利属于我们"。那么，"大鸭梨"的意思是什么？

194 破译密码

| ETWQ | FEFQ | AWQQQ |
| 东路部队 | 西路部队 | 东西两路总兵力 |

一天，某军总司令部截获一份秘密情报。经过初步破译得知，下月初，敌军的三个师团兵将分东西两路再次发动进攻。在东路集结的部队人数为"ETWQ"，从西路进攻的部队人数为"FEFQ"，东西两路总兵力为"AWQQQ"，但到底是多少却无从得知。后来，苦思不得其解的密码竟然被一位数学老师破译了。你知道数学老师是怎么破译的吗？

B		HE					
A		U	B				
						E	T
	E		C				B
	A						U
T			S			A	
H	C						
		A	B			E
			TH			R

布加勒斯特
495

罗马尼亚的首都布加勒斯特（Bucharest）刚好由9个不重复的字母组成。请你在由9行、9列共81个宫格组成，并划分为9个九宫格的迷宫里填上Bucharest，要求是在每一行、每一列、每一个九宫格里都包含有Bucharest这9个字母。

496
天使迷宫

这是一个简单的填字游戏，只要把angel（天使）这5个字母填入这5×5的迷宫中，使每行、每列都要包含angel这5个字母。只要你高兴，你就是天使。

			G	N
	N	L		
N				E
		N	L	
G	A			

火烧山倒，
树毁多少；
大人不在，
云力自烧。

语文老师的难题
497

左图的黑板上是一位语文老师写的诗。每句诗打一个字，这4个字合起来就是一个4字成语。请你开动脑筋想想这个4字成语是什么。

198

有趣的字谜

下面是一个非常有趣的字谜，你能猜出答案来吗？

去上面是字，去下面是字。

去中间是字，去上下是字。

199

可以替代的词

下面6个词组中的动词大多不能互换，然而有一个字是可以替代所有的动词的，你知道是哪一个吗？

① 跳 水　　② 买 油　　③ 砍 柴
④ 做短工　　⑤ 写 字　　⑥ 敲 鼓

500

"二"的妙用

语文老师上课时出了一道很特别的题目，要求大家将下面16个方格中的每个"二"字加上两笔，使其组成16个不同的字。你也试试吧！

二	二	二	二
二	二	二	二
二	二	二	二
二	二	二	二

第十一部分

辨别思维游戏

"说是就是，说不是也是。"认识最细微处的同与不同、是与不是，这部分主要通过眼睛和智力运动来锻炼大脑的灵敏程度。

501 图形对应的规律

如果图形A对应图形B，那么图形C对应下面哪个图形？

A B C

D E F G

502 这句话对吗

皮皮对琪琪说："我能将100枚围棋子装在15只塑料杯里，每只杯子里的棋子数目都不相同。"这句话对吗？

503 找差别

有10筐苹果，每筐里有10个，共100个。每筐里苹果的重量都是一样的，其中有9筐每个苹果的重量都是1斤，另一筐中每个苹果的重量都是0.9斤，但是外表完全一样，用眼看或用手摸无法分辨。现在要你用一台普通的大秤一次把这一筐重量轻的找出来。

504 实话和谎话

琳达和她的男友一起出国旅游，在一个晴朗的午后他们来到异国的一个小村庄里找水喝。在这个村子里他们遇见一个男孩和一个女孩抬着一桶水，在他们当中有一个是只说实话的，另一个则只说谎话。琳达想知道他们抬的那桶水可不可以喝，就走过去对那个男孩说："今天的天气不错。"

"是的。"男孩回答。

"我们可以喝你们桶里的水吗？"

"可以。"

请问他们桶里的水到底可不可以喝呢？

505 问题手表

皮皮买了一块新手表。他与家中的大挂钟的时间作了一个对照，发现新手表每天比大挂钟慢3分钟。后来，他又将大挂钟与电视的标准时间作了一个对照，刚好大挂钟每天比电视快3分钟。于是，他认为新手表的时间是标准的。下面几个评价中，哪一个是正确的？

A.由于新手表比大挂钟慢3分钟，而大挂钟又比标准钟快3分钟，所以，皮皮的推断是正确的，他的手表上的时间是标准的。

B.新手表当然是标准的，因此，皮皮的推断是正确的。

C.皮皮不应该拿他的手表与大挂钟对照，而应该直接与电视上的标准钟对照。所以，皮皮的推断是错误的。

D.皮皮的新手表比大挂钟慢3分钟，是不标准的3分钟；而大挂钟比标准钟快3分钟，是标准的3分钟。这两种"三分钟"不是一样的，因此，皮皮的推断是错误的。

E.无法判断皮皮的推断正确与否。

506 新兵的推理

"在下周四之前我们要进行一次拉练，希望大家做好准备。"教官说。

"教官，拉练是什么意思？"新兵杰克紧张地问。

"拉练就是在你们都不知道的时候拉你们出去训练，看看你们的反应能力。"

"可是这是不可能的，教官。"新兵杰克继续说道，"如果下周一、周二没有进行拉练的话，周三就不能进行拉练了。因为大家都知道周三会进行拉练了。周二也不能进行拉练。因为周三不能进行拉练，周一不进行拉练的话，大家就知道周二肯定拉练。依此类推，任何一天都不能进行拉练。"

你觉得新兵杰克的推理正确吗？

三个人猜拳 *507*

吉姆和亨特一块儿猜拳，老是分不出胜负。于是吉姆想：如果再让一个人加入我们的游戏的话，就不会出现这么多次平手了。你觉得吉姆的想法对吗？

508 谁是老实人

在老王、老张、老李、老林和老刘这5个同事当中，有两个是绝对不说谎的老实人，但是另外三个人是骗子，所说的话里一定有谎话。

下面是他们5个人所说的话：

老王：老张是个骗子。

老张：老李是个骗子。

老李：老刘是个骗子。

老林：老王和老张他俩都是骗子。

老刘：老王和老林，人家两个可都是老实人。

请你根据他们所说的这些话，找出哪两个人是真正的老实人。

能循环工作吗 *509*

有甲、乙、丙、丁四个清洁工负责一条环绕着正方形公园的四条公路上的清洁工作，但是他们四个人只有一套清洁工具，并且他们每个人竭尽全力也只能完成其中一边路段的清洁任务。所以他们的工作总是不能让领导满意。

于是，一个清洁工想出了一个办法：他们四个人分散在公园的四个角上，先由甲拿着清洁工具开始清理，清理完一条边后到达乙的位置就把工具交给乙，乙就开始清理，甲休息。乙再清理完一条以后丙开始工作，乙休息。以此类推，当丁做完之后再把工具交给甲，他们就可以一直不停地循环下去了。你觉得他们的想法真的能实现吗？

区别在哪里

$$510$$

这组图片中有两处明显的区别，你知道是哪两处吗？

$$511$$

冬天还是夏天

右面这两幅图，你能区别哪一幅是夏天画的，哪一幅是冬天画的吗？

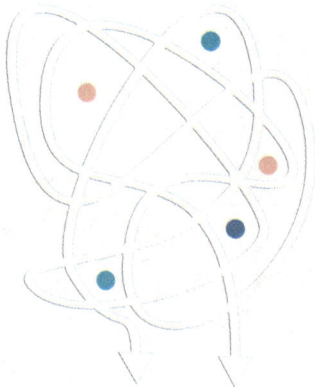

奇怪的绳圈

$$512$$

左图中画的是一根完整的绳子，如果我现在依图中所标示的方向拉下这条绳子的两端，绳子不会打结，但是会缠住其中的一颗钉子。那会是哪一颗钉子呢？

$$513$$

找相似

A、B、C、D、E中，哪一个图只需加一条直线就与最上面的图形相似？

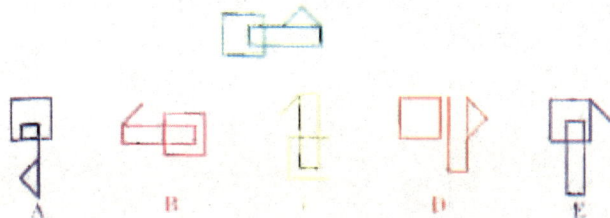

A   B   C   D   E

514 哪个是另类

上面五个字母中哪一个是另类，最不像其余4个字母？

A

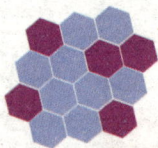
B

515 哪个与众不同

A、B、C、D四个图中有一个与其他三个不相同，你能看得出来吗？

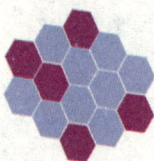
C

D

516 哪个图形与众不同

你能看出右边5个图形中，哪一个是与众不同的？

A

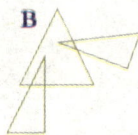
B

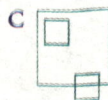
C

D

E

517 哪个图形是错误的

下面4个方形之中的图形是按一定逻辑而变化的，但其中有一个是错误的。你能找出是哪一个吗？

A

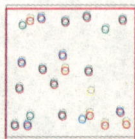
B

C

D

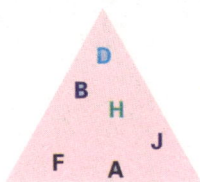

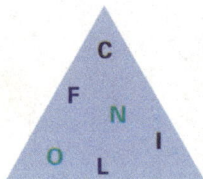

找出多余的字母

518

请找出两个三角形内字母的排列规律，并从中找出两个多余的字母。

A	561117
B	741115
C	921113
D	881624
E	771117

519

找出例外的数

A、B、C、D、E五组数字中，其中四个有一个共同特性，只有一个例外。请找出每组不同于其他数字的数。

520

哪一个对应

A对应于B，恰如C对应于D、E、F、G中的哪一个？

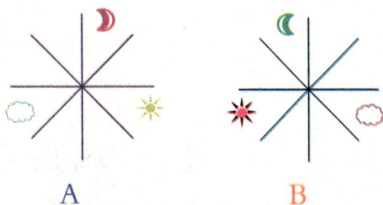

A   B

C   D   E   F   G

521 吝啬鬼的把戏

有一个吝啬鬼去饭店吃面条，他花1元钱点了一份清汤面。面上来了，他又要求换一碗2元钱的西红柿鸡蛋面。服务员对他说："你还没有付钱呢！"吝啬鬼说："我刚才不是付过了吗？"服务员说："刚才你付的是1元钱，而你吃的这碗面是2元钱的，还差1元呢！"吝啬鬼说："不错，我刚才付了1元钱，现在又把值1元钱的面还给了你，不是刚好吗？"服务员说："那碗面本来就是店里的呀！"他说："对呀！我不是还给你了吗？"

这么简单的账怎么就弄糊涂了呢？吝啬鬼真的不需要付钱了吗？

错在哪里 *522*

在本页中有一个很明显的错误，细心的你能够找出来吗？

"王"字是由四画组成的。

$3+5-9=-1$

3乘以7再减去5等于16。

6除以1/5等于30。

第十二部分

空间思维游戏

从平面看出立体，在空间处看出其平面实质，当你可以自由地转换这两种迥然不同的感觉时，你会拥有更优秀的空间架构能力与逻辑思维能力。

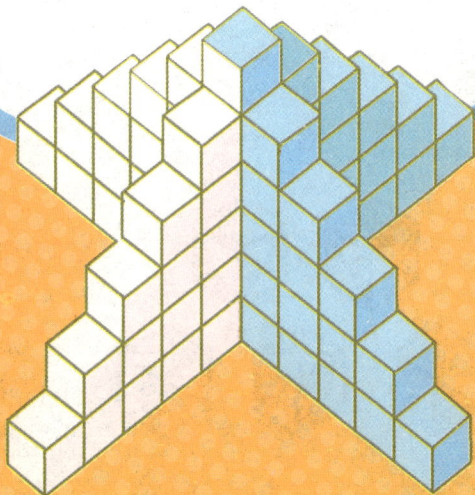

523 找相符的图形

请在下列四个图形中找出一个与左图相符（旋转一定角度或方向）的图形。

   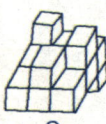 

A　　　B　　　C　　　D

524 立方体问题

 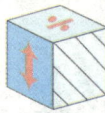 

A　　　B　　　C

 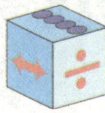 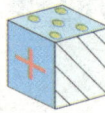

D　　　E　　　F

同一种图案不可能在两个以上的立方体表面上同时出现。看一看，左面哪个图不属于同一个立方体？

525 展开后的图形

将正方形色纸沿着虚线对折，再折成三等分，将紫影部分剪掉，展开后会是右边的哪个图形？

1　　　2

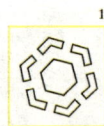 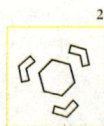

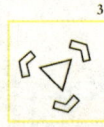 

3　　　4

526 骰子布局

A　　　B

C　　　D　　　E

用左上的骰面布局，能构成A、B、C、D、E中的哪一种情形？

立体图形 527

根据立体图形的透视原理，你知道左图是由多少块积木堆砌而成的立体图形吗？

528 三角柱体展开图

这是从某个角度观察所画出的三角柱体。请问，这个三角柱体的展开图是哪一个？

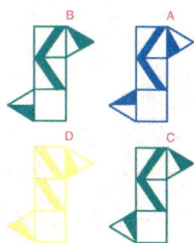

图案盒子 529

A　B　C　D

ABCD中哪一个盒子是用左边的硬纸折成的？

530 罗沙蒙德迷宫

这是被称作"罗沙蒙德秘密基地"的有名迷宫。道路相当复杂，到处有死巷，周围有许多入口。请找出通往秘密基地的路线。

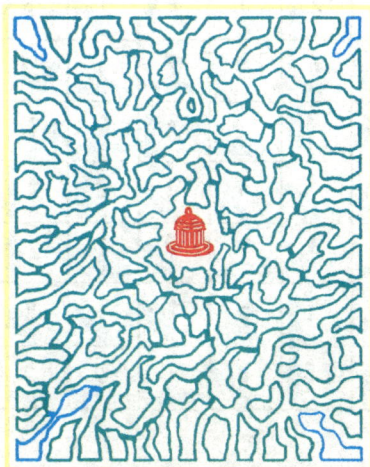

有趣的字母迷宫 *531*

不管怎么样，我想有一句英文你应该懂：I LOVE U（我爱你）。好吧，请你把I LOVE U这6个字母填入左面6×6的格子里，使每一行、每一列以及每一个分隔的小六宫格里都必须包含I LOVE U这6个字母。你说容易吗？

注：u，即英文的you。

532 寻宝地图

这是一幅寻宝地图。寻宝者在每一个方格里只能停留一次，但通过次数不限；到每一方格后，下一步必须遵守其箭头的方位和跨度指示（如4↓表示向下走4步，4↗表示沿对角线向上走4步）；有王冠的方格为终点。请问寻宝的起点在哪里？在寻宝过程中，有些方格始终不必过境或停留，这些方格会呈现出一个两位数，是什么数呢？

533　难解的死亡密码

右图中 DEAD（死亡）一词完整地出现了两次，它们的排列横竖、斜正、正倒都有可能。你能找出来吗？

534　数字迷宫

你要在这个迷宫中，走到标示着"F"的终点。并且你只能直线前进，图中每个格子里面的数字代表下一步你可以走几格。从左上方的"3"处开始，如图所示，下一步你只有两种走法。

535　迷宫

眼睛盯着这张图，同时将本书绕着转，你应该会看到好几条奇怪的辐射线条。如果你觉得还不够难，试着走出这个迷宫看看。

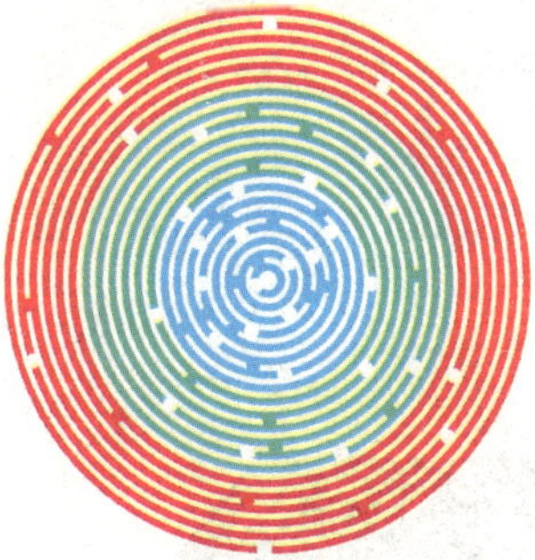

536　龟兔比赛

兔子和乌龟比赛，比什么兔子肯定能赢乌龟？

537 寻找巡逻路线

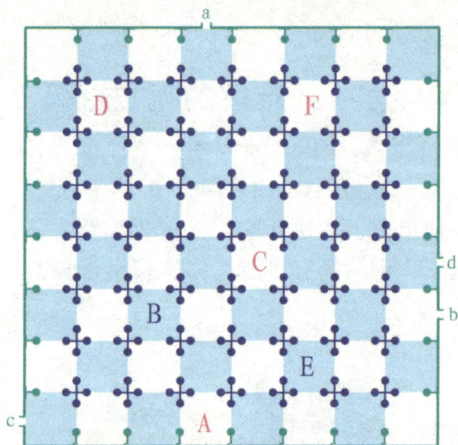

右图是宫殿的平面图，上面标明了有8×8共64个房间，A、B、C、D、E是5个巡逻队员的位置。每天下午6点整，钟楼的钟声会敲响，A就得穿过房间从a出口出去，同样，B从b出口出去，C从c出口出去，D从d出口出去，然后E需要从目前的位置走到F标记的房间。

上面的规定说不上有什么道理，但是自作聪明的巡逻队长还要求5个巡逻队员走的路线绝对不准相交，也就是任何一个房间都不允许有一条以上路线穿过，巡逻队员从一个房间到另一个房间都必须经过图上所标识的门。

你能帮巡逻队员们找出他们各自的路线吗？

538 相同的立方体

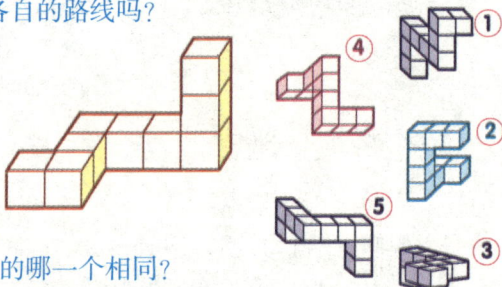

这是一个观察立方体的问题。
左面的图形和右面5个图形中的哪一个相同？

539 魔方的颜色

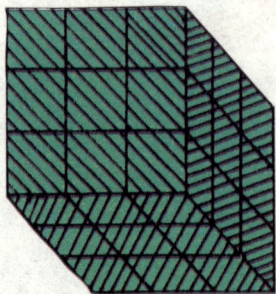

有一个魔方（如左图），所有的面都是绿色。请问：有几个小立方体一面是绿色？有几个小立方体两面是绿色？有几个小立方体三面是绿色？有几个小立方体四面是绿色？有几个立方体所有的面都没有绿色。

540 有多少种走法

这些砖块都是四四方方的矩形，虽然它们看起来像是歪歪的。如果从砖块A到砖块B要经过8个白色砖块和9个咖啡色砖块（包括A和B本身），请问有多少种走法？

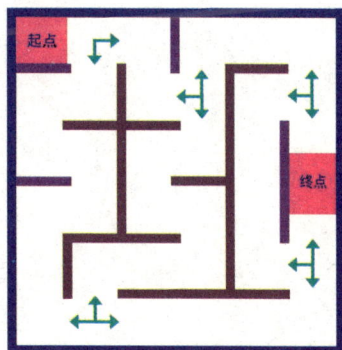

541 不走重复路

假设你走在这个迷宫里，会搞不清楚自己的位置。你在每个T字路口随机选择下一步的方向，但不能选择回头。如果同一个地方走过两次你就出局了，抵达终点才算赢。你赢的概率有多少？

542 有多少块积木

右图是一座有6块积木高度的塔，你能数出它总共用了多少块积木吗？

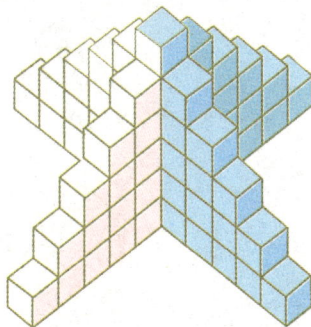

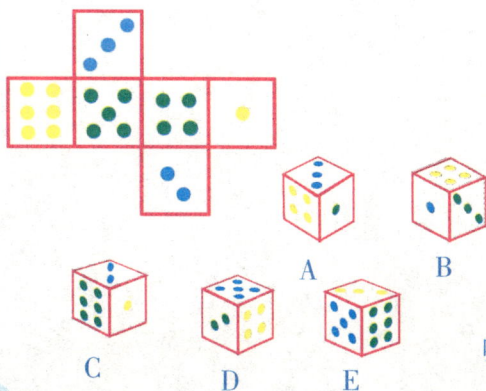

543 骰子构图

在A、B、C、D、E五个骰子中，哪一个是左上方的骰面无法构成的？

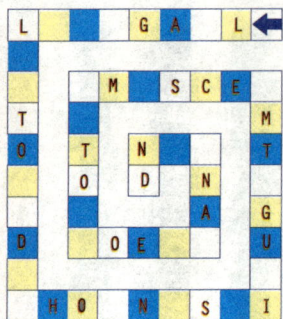

全世界最简单的迷宫

544

这是全世界最简单的迷宫了，因为到终点只有一条路。不过，你必须遵循特定的规则：每次都只能前进或后退四步或是七步，并且在抵达终点之前每个英文字母都必须走到。该怎么走呢？

545

找相同的布局设计图

A、B、C、D、E、F中，哪两个是按照上面的布局设计图构成的？

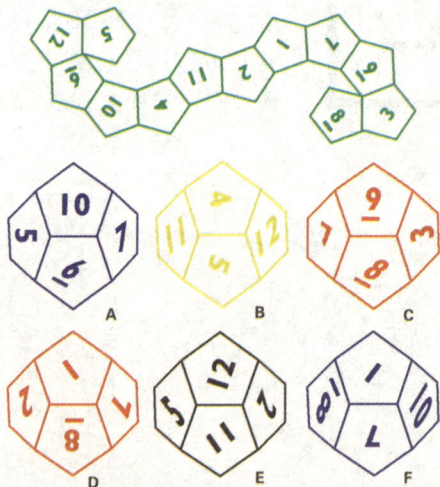

第十三部分

脑筋急转弯游戏

脑筋急转弯游戏借助有趣、出人意料又在情理之中的谜题设计平台，帮助解题人在解题的过程中提高思维积极性，锻炼全方位的思考能力与灵活的应变能力，同时提高思维方式的缜密性，真正让你在轻松之余玩出聪明大脑。

不怕雨淋的人 *546*

天空突然下起了暴雨，在田里劳作的人们都纷纷避雨，却有一个人依然在原处不动。请问为什么？

547 哪一个比较长

"水蛇"、"蟒蛇"、"眼镜蛇"哪一个比较长？

越热越高 *548*

什么东西天气越热，它爬得越高？

549 标签的作用

明明是放砂糖的罐子，却贴着一张写着"盐"的标签，这样用意何在？

毛毛虫的梦想 *550*

冬天快来了，毛毛虫终于鼓起勇气对爸爸说了一句话，但爸爸听完当场就晕倒了。你猜毛毛虫说了一句什么话？

一举两得 *551*

张爷爷用捕鼠笼在家抓老鼠，第二天一早发现笼子里关着一只活老鼠，而笼子外面却有两只四脚朝天的死老鼠。为什么?

552 酒鬼的决定

一个酒鬼看到一本书上写着喝酒对身体有害处，于是他做出了一个决定，这个决定是什么呢?

圣诞老人的工作 *553*

今年圣诞夜，圣诞老人首先放进袜子的是什么东西?

554 蚂蚁为什么没有死

蚂蚁在地上爬，玲玲一只脚从蚂蚁身上踩过去，蚂蚁却没有死。为什么?

555 看不到脚印

一个人在沙滩上行走，为什么回头看不见自己的脚印？

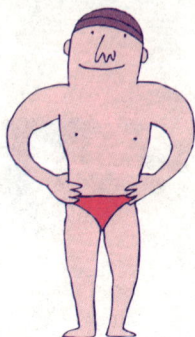

556 拔腿就跑的猫

一只凶猛的猫，看见了一只老鼠后拔腿就跑了。你猜为什么？

557 平安无事

某地发生了大地震，伤亡惨重，收音机里不断播报受灾情况以及寻人启事，一位老大爷一直在注意收听收音机的报道。有人问他："收音机里播放过你孙子的消息吗？"他回答说："没有。"接着他又说："但我知道我孙子肯定平安无事。"请问：他是怎么知道的？

收音机里播放过你孙子的消息吗？

558 看什么病

医生问病人："感冒了？"病人摇头。"肚子疼？"病人摇头。"神经痛？"病人还是摇头。那么，究竟他是来看什么病的？

559 什么关系

一位警察带着一位小孩子过马路，路人问警察："他是你的儿子吗?"警察说："是。"路人又问那个小孩子："这位警察是你爸爸吗?"小孩子说："不是。"这是为什么?

560 躲在哪里

动物园里有两只狮子，它们趁管理员忘记把笼子上锁的机会逃了出来，人们一边避险，一边找管理员，而管理员却躲到一个很安全的地方，那个地方在哪里呢?

561 问什么问题

大勇向伙伴们吹嘘说："昨天上操的时候，老师提了一个问题，全班除了我没有一个能答对的。"你猜老师问的是什么问题?

562 跳伞训练

一个班的伞兵训练跳伞，班长说跳出后数到30秒才能拉伞，结果其他人都平安落地，只有一个人不幸身亡。为什么?

563 快速抢答

一辆小汽车有4个车胎，每个车胎由4个大螺丝固定在轴上。一天早上，皮特发现他的小汽车的一只车胎被小偷偷走了，当然连4个螺丝也拿走了。（现在可有不少小偷专门偷车胎，如果你有车，可要当心哟！）还好，车内还有一只备用车胎。皮特想了一个办法，将车安全地开到了附近的汽修厂。你知道他用的是什么办法吗？

564 都喜欢听的字母

26个英文字母中哪两个字母很多人都喜欢听呢？

565 奇怪的偷车贼

一天，一个偷车贼在四处无人时看到一辆跑车，但他却没有偷。为什么？

566 共同点

哭和笑有什么共同之处？

567 技术高超的化装师

一个逃犯进了一位化装师家，逼着化装师为他化装，以便逃出这个城市。化装很成功，连逃犯自己也不认识自己了，但逃犯一走上大街就被捉住了。为什么？

568 奇怪的撞车事件

一位卡车司机撞到了一个骑摩托车的人，结果是卡车司机受重伤，而骑摩托车的人却没事。这是为什么？

569 谁跑得快

在一个家庭比赛中，小牛的爸爸不如小马的爸爸跑得快，名列第二。你猜为什么？

570 获奖感言

记者问汽车大赛的冠军："您每次比赛都是倒数第一，这次却一举夺魁，请问有什么诀窍？"冠军的回答让记者很失望。你猜他说了什么？

为什么没有受伤

571

有一个人被从几千米的高空掉下来的东西砸在头上，却没有受伤。为什么？

572
同时进行

有一种东西，上升的同时会下降，下降的同时会上升。这是什么？

最想得到的杯

573

什么杯不能装水，但很多人都想得到它？

574
小王的绝技

小王一边刷牙，一边悠闲地吹着口哨。他是怎么做到的？

178

575 袋鼠与猴子赛跑

袋鼠与猴子比赛跳高，为什么猴子还没开始跳，袋鼠就输了？

脱帽子 576

冬天，李大爷怕冷，到了屋里也不肯脱帽。可是他见到一个人后，很快就脱下帽子。那人是谁？

577 没有上锁的房间

小张被关在一间并没有上锁的房间里，可是他用尽力气也不能把门拉开。这是怎么回事？

夫妻的共同点 578

每对夫妻在生活中都有一个绝对的共同点，那是什么？

叫什么 *579*

小明的爸爸有三个儿子，一个叫大毛，一个叫小毛，第三个叫什么？

580 伤心的管理员

动物园的大象死了，为什么管理员哭得那么伤心？

如何补救 *581*

阿代喝下药后，才想起自己忘了把药摇匀。可医生说，不摇匀药效达不到最佳效果。他该如何补救呢？

582 动作迅速的蜗牛

蜗牛从上海到北京只用了一分钟。为什么？

旅行 *583*

小风说，他将在太阳和月亮在一起时去旅行。你说可能吗？

第十四部分

综合思维游戏

前几部分没能收纳进去的精彩题目，在这里集合了。不要走开，继续努力吧。

584 六角星变长方形

这是一个六角星，如果要把它拼成一个长方形，该怎么拼？

$$|4|-4|+||=|||$$

585 有趣的算式

移动上图算式中的1根、2根或3根火柴来改变其中的数字或符号，可使等式两边始终相等。你能分别列出移动1根、2根和3根火柴的算式吗？

586 调转火柴

取9根火柴，将其排成1行，其中只有1根头朝上。现要求每次任意调动7根，到第4次时所有的火柴头都要朝上。试试看，你能做到吗？

587 分辨生熟鸡蛋

小力不小心把煮熟的鸡蛋与生鸡蛋混放在一起了。从外边又看不出来有什么区别，打开吧，如果是生鸡蛋那就把鸡蛋弄坏了。你能想出办法，不打开鸡蛋就把生鸡蛋和熟鸡蛋区分开吗？

一题三解

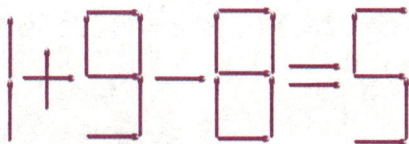

这是一道用火柴排成的错误的算式，要使它成立，需移动其中的2根火柴。你觉得简单吗？可不要骄傲，它可有3种解答方式，而答案都不会相同。

589 智者的趣题

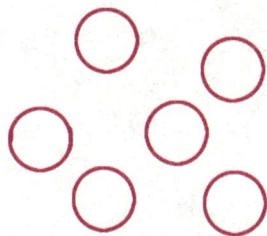

听说智者要招收最后一个学生，很多聪明的人都想成为智者的学生，以便学到更多的知识。他们来到智者的门前，看到了智者画在墙上的6个小圆（如右图）。旁注说：现在要把3个小圆连成一条直线，只能连出两条，如果擦掉一个小圆，把它画在别的地方，就能连出4条直线，且每条直线上也都有3个小圆。谁能第一个画出，我就收谁做我的学生。

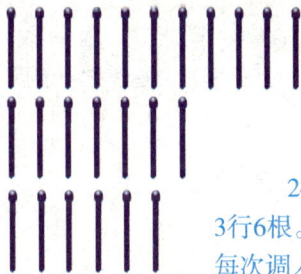

火柴排队 590

24根火柴排成三行，其中第1行11根，第2行7根，第3行6根。请你将火柴排成8根一行，要求只调动3次，并且每次调入某行的火柴数必须和这一行原有火柴数相等。

591 丑小鸭变天鹅

右图中是用12根火柴摆成的一只丑小鸭，你能加上4根，再移动图中的3根，让它变成一只在水上悠闲游动的白天鹅吗？

1+7-13=44

妙在动 1 根

用19根火柴摆出上面的算式，可是你会发现这个算式是错误的。现在只需移动1根，就能使算式成立。怎么移？

锯成"十"字形

右图是一块有机玻璃板，现在只要沿着一条曲线锯开，就能把它做成医院的"十"字形标记。你知道怎么锯吗？

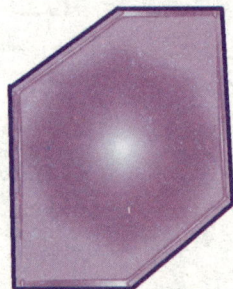

巧摆瓶子

有四瓶啤酒，你能设计出一种摆法，使每两只啤酒瓶的瓶盖之间的距离相等吗？

有几种路线

右图有16个点，呈4×4的排列。现在用一条条连续的线段把这些点连起来，形成封闭的路线（说明一下，封闭的路线是指起点与终点都是同一点的线路）。你能找到几种路线？

596 说变就变

图1

图2

有一张卡片如图1，只要在它上面剪一刀，就能拼出另一张如图2的卡片来。你会拼吗？

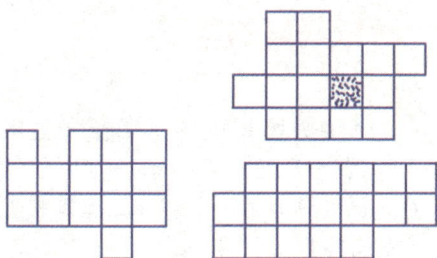

597 三等分

你能将左面三个图形分成大小、外形完全相同的三个小图形吗？

598 八根火柴

你能用八根火柴拼成2个正方形和4个三角形吗？

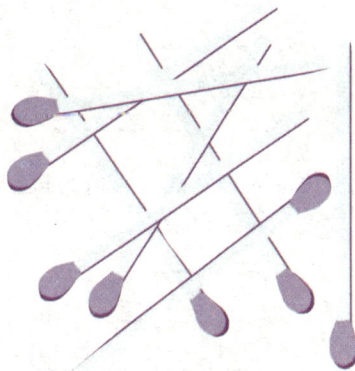

599 三角形管线

这是一个由几个不可能存在的三角形组成的图像。想象这个图形是由金属管制成，再进一步假设我们如图所示：把一个立方体（深色面朝上）放进去，让它沿着金属管绕行一圈。当它回到原处时，深色的一面朝什么方向呢？

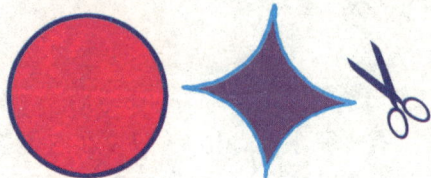

600 只准剪一刀

你能在这两个图形上只剪一刀，然后将它们拼成一个正方形吗?

601 时髦妈妈的裙子

时髦妈妈嫌她的这条裙子过时了，就把它改成了一条正方形的裙子，而且只剪了一下。你知道她是怎么做的吗?

602 最大和最小

用火柴排成下列算式，其值为17。现在只许移动1根火柴，使这道题结果最大；若要使运算结果最小，又该移哪一根呢?

$$56-39=17$$

603 倒硫酸

一个不规则的透明玻璃瓶，上面只刻着5升、10升两个刻度，而里面装了8升硫酸，现在需要从中倒出5升，别的瓶子上都没有刻度，硫酸的腐蚀性又大，请你帮助想想，用什么办法一次就能准确地倒出需要的量?

604 湖光塔影

在北大校园里，有一个湖叫未名湖；它旁边有一座塔，名为博雅塔。塔倒映在水中，是燕园的一大景观，称之为湖光塔影。图中是用10根火柴摆的一座塔，你只要移动其中的3根火柴，"湖光塔影"便会呈现在你面前！

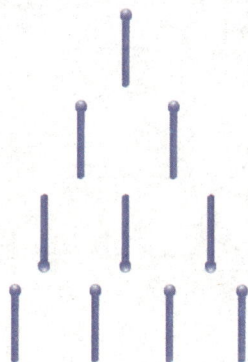

605 拼长方形

图中是一块形状不规则的木板。请想想，怎样才可以把木板切成两块，并把它拼成一个 3×5 的长方形，而且不需要翻面？

606 称砝码

只有3个不同的砝码，你能用磅秤称出包括3到13千克的所有整数吗？

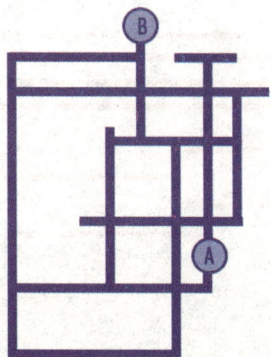

607 指路

我住在A，我有个朋友住在B。我该如何以"最简单"的方向指引，让她能用左面的地图找到我家？（她所走的路程不必是最短的。）

11+4-1+2=32

3+5=74

14-1+1+1=4

608

巧移 1 根

图中3个等式都不成立，每次移动1根火柴使每个等式成立。你能做出几道题？

609

搭桥

你能将15块砖或砖形模具、积木搭成右图的桥形吗？

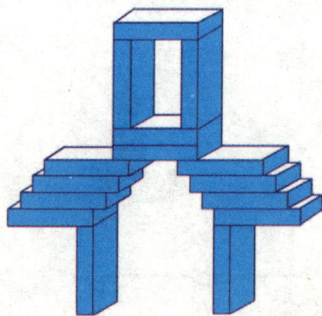

610

形状特异的生日蛋糕

童童过生日，舅舅送来一个形状特异的生日蛋糕。恰巧家里来了8位客人，请问：童童该怎么切才能分到相同形状的蛋糕？

611

巧摆木棍

有4根10厘米长的木棍和4根5厘米长的木棍，你能用它们摆成3个面积相等的正方形吗？

612 越变越多

用9根火柴拼成3个三角形，现在请你每次移动其中的3根火柴，只要你勤于思考，就可以使图中三角形变成4个、5个……甚至10个。

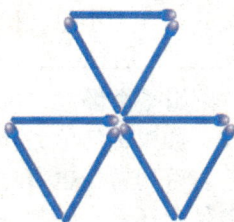

613 硬币金字塔

2层　3层　4层　5层

利用硬币排成金字塔图形。

以移动最少的硬币为原则，将金字塔图形上下颠倒。以2~5层的金字塔图形为例，只要移动图中有颜色的硬币，就可以将图形上下颠倒。

请问，要将6层金字塔图形上下颠倒，最少需要移动几枚硬币？

614 四等分图形

你能将右面6个图形分成4个形状、大小完全一样的且与原图形相似的小图形吗？

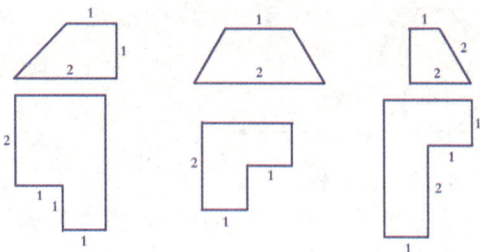

1
2　1
1

1
2
1　1

1
2　1
1

1　1
2
1

1
2
1　1

1　1
2
1

615 快速建楼房

你能不能不用任何绘画工具，将左图的一间平房变成两层高的楼房？

616 不工作的理由

萨姆是个懒汉，因为他一点儿也不愿意工作，如果你问他为什么，他会告诉你一个故事。萨姆曾经也有过一份工作，雇主给他的条件也还可以了，一个月30天，每天工资20美元，但是如果旷工要扣25美元。萨姆当然没有每天都去工作，所以到了月底，他一分钱都没有拿到，但也没有因为扣工资使萨姆欠雇主的钱。从这以后，萨姆就笃信工作真是一件蠢事，反正干了也没有钱。

萨姆一个月中到底工作了几天，又旷工了几天？

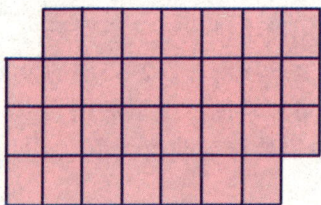

617 修黑板

图中这块黑板的两个角掉了。你能不能不用其他木料而把它拼成一块完整的黑板呢？

618 拼桌面

有一块木板，上面是一个等腰三角形，下面是一个正方形。你能在不浪费木料的情况下，把木板拼成一个正方形的桌面吗？

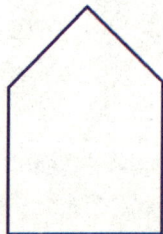

619 没招儿就认输

用8根火柴摆2个正方形，可移动其中的4根火柴，使图中有2个正方形、8个三角形。哈哈！你还有招儿吗？

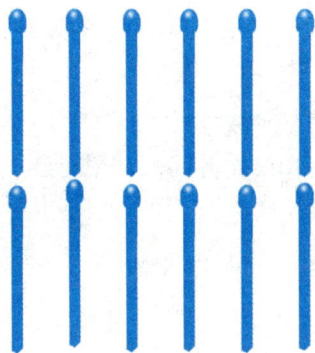

拼摆长方形

准备12根火柴，你能不能用它们排出下面的这两种长方形？

①无论长方形的上下哪一边，火柴数目之和都是5；

②排3排，无论哪一排，火柴数目之和都是4。

移糖果

24粒糖果分成三堆：第一堆11粒，第二堆7粒，第三堆6粒。移动每堆的糖果，最后每一堆都为8粒。要求只能移动三次，而且向某一堆添加的数目要等于这一堆原有的数目。

巧装棋子

有100枚棋子，要求分别装入12个盒子中，并且使每个盒子里的棋子数字中必须有一个"3"。如何装？

对称

右图是围棋盘的一角，上面已摆下5枚棋子。如果要将它变成一个上下左右都对称的图形，最少要摆几枚棋子？

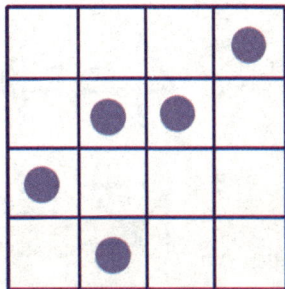

624

10根变9根

有10根相等间隔的平行线，不再添加线，怎样使其变成9根？

625

比大小

用4个1组成4个不同的数，使它们一个比一个大；用3个9组成3个不同的数，使它们一个比一个小；用5个5再加上一些普通的数学符号，组成一个等于1的算式。

4个"**1**"： （　）<（　）<（　）<（　）

3个"**9**"： （　）>（　）>（　）

5个"**5**"： **5 5 5 5 5** = 1

626

变算式

下面有两个不成立的算式，请你分别移动1根火柴，使它们都成立。

4 = 14 + 1 - 1 + 1

12 - 2 + 7 = 11

627 等于2

在下列算式中添上四则运算符号，使等式成立（可加括号）。至少要写3种算式才算聪明哟！

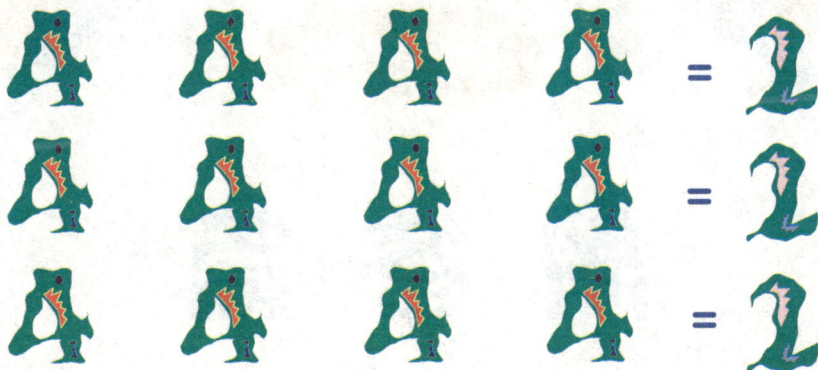

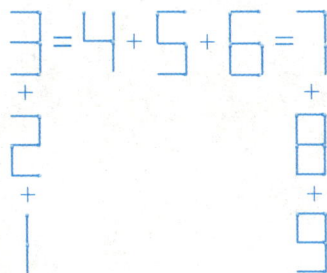

4 4 4 4 = 2

4 4 4 4 = 2

4 4 4 4 = 2

3 = 4 + 5 + 6 = 7
+
2
+
1

628 算式连等

依照图，用火柴拼出1，2，3，4，5，6，7，8，9，并在这些数字中间加上运算符号，你会发现这些算式是不相等的。请移动其中的3根火柴，使这些等式成立。

+
8
+
9

629 巧摆正方形

用12根火柴可摆出1大4小5个正方形。变换一下，看你有没有办法摆出2大3小的5个正方形。

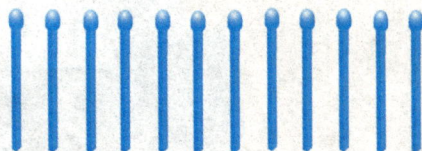

第十五部分

解 答 篇

第一部分 创意思维游戏

1.吃羊

狮子 1 小时吃 1/2 只羊，熊 1 小时吃 1/3 只，狼 1 小时吃 1/6 只，1/2 + 1/3 + 1/6 = 1，所以正好 1 小时吃完这只羊。不过你想想，这可能吗？让狮子、熊和狼一起吃晚餐，它们还不先打起来？至于多少时间能吃完，要看运气了。

2.反插裤兜

把裤子前后反穿。

3.奇怪的数字

8(上下一半)。

4.儿子和爸爸的游戏

可能。爸爸永远都坐不到他自己的腿上。

5.太空人打赌

当然能。只要他一直往前走，超过 1 公里就行。在他走过的路线上，绝对有一点与他出发点的距离恰好是 1 公里。

6.相遇的问题

他们离 A 地的距离是一样的。因为他们相遇时是在同一个位置。

7.让人高兴的死法

这个人选择了"老死"。

8.餐厅的面试题

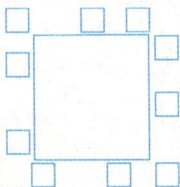

9.金币与银币

王子可以在装有金币的盆里留 1 枚金币，把另外 9 枚金币倒入另一个盆里，这样另一个盆里就有 10 枚银币和 9 枚金币。如果他选中那个放 1 枚金币的盆，选中金币的几率是 100%；如果选中放 19 枚钱币的盆，摸到金币的几率是 9/19。王子选中两个盆的几率都是 1/2，所以，根据前面的两项几率，得出选中金币总的几率是 100% × 1/2 + 9/19 × 1/2=14/19，这样就远远大于原来未调换前的 1/2。

10.放多少糖块

一颗。放了一颗糖块以后，罐子就不是空罐子了。

11.水壶变空

随便你怎么做都可以，比如把水一下子泼在地上。看好了，题目并没有限制这样做。

12.拼 11

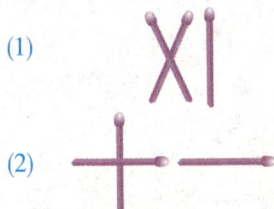

(1)

(2)

13.骑马比赛

可以让两个赛手的马交换，这样，两个赛手都想使自己骑着的对方的马跑得快点。把"比慢"变成"比快"，所以比赛很快就结束了。

14.相连的月份

7 月和 8 月，
12 月和 1 月。

15.一道既简单又复杂的题

8 站。确实很简单吧，但你是不是在费尽心思计算车上还有多少人呢？

注意力是有选择性的，当人们注意某项活动时，心理活动就集中于这一活动，并抑制与这一活动无关的事物。所以，我们在做一件事情的时候，要把注意力集中到主要的任务上，这样才能事半功倍。

16.母鸡下蛋

蛋当然是朝下落了。

17.近视眼购物

眼镜框。因为李明是高度近视，一拿掉眼镜几乎看不见东西，如果不戴隐形眼镜，就不能确定购买的镜框是否美观、合适。

18.还剩几只兔子

当然只剩下一只死兔子了。其他兔子都跑了。

19.水为什么不溢出来

这可能吗？你可以试试看，把小金鱼放进去，水同样会溢出来。而你是不是在想类似"因为金鱼有鳞片，或者金鱼把水喝到肚子里去了"等答案呢？

这是曾两次获得诺贝尔奖的居里夫人小时候做的一道题。培养我们的创造性思维，不要迷信某种解题技巧，而是要遵循科学规律，亲自动手试一试。

20.机械表的动力

机械表的动力来自一组扁平的弹簧圈，称为发条，分为手工上弦与自动上弦两种，而自动上弦是依赖自动盘的力量运转的。但是无论哪种机械表，上弦都要靠人来做。所以，机械表的动力是人力。

21.过独木桥

姐姐的爸爸把两个小孩放进两边的箩筐里，转一个身，两个小孩就互相换了位置，都过桥了。

22.硬币如何落下

在火柴棒上滴几滴水，使水分沿着木质纤维的导管渗进去。火柴弯曲处的纤维受潮后膨胀，火柴棒自然就会渐渐伸直。这样，硬币就会自动掉进瓶子里去了。

23.谁在敲门

女人。

24.互看脸部

"一个面向南一个面向北站立着"，如果你认为两个人是背对背而立，那就得不到答案了。两个面对对方站立的人，也同样可以一个面向南、一个面向北站立啊。

25.天气预报

如果事情不是发生在极圈的话，那么就不会出现太阳。因为再过72小时后，就是3个昼夜，又是半夜12点，而夜里是不会出太阳的。

26.狭路相逢

从南来和向北去是同一方向，他们可以一前一后地过桥。

27.科学家理发

因为镇上只有两位理发师，这两位理发师必然要给对方理发。科学家挑选的是给对方理出最好发式的那位理发师。

28.餐厅的老板多少岁

就是法国人的岁数。题目之所以绕来绕去说这么多，目的是想迷惑你。这就是题目的创意之处。

29.请病假

圆珠笔如果倒着朝上写字，很快就会写不出字的。

30.戒烟的妙法

只需要算一算第29根香烟后要等多久才能抽第30根香烟，即可知晓。要等的时间为 $2^{29} = 536870912$ 秒 $= 149130.8$ 小时 $= 6213.8$ 天，快10年了。能在这么长的时间不抽烟，想不戒怕不成吧！

31.不落地的苹果

在线的中间打一个活结，使结旁多出一股线来，从线套中间剪断，苹果不会落下来。

32.小猴的游戏

33.奇怪的人

他没有双眼，但有一只眼睛。他看到树上有两个苹果，摘下一个并留下一个，所以他摘下了苹果又留下苹果。

34.大力士的困惑

因为他要举起的是他自己。

35.燃香计时

将两根香同时点着，但其中一根要两头一起点。两头一起点的香燃尽的时候，时间正好过去半个小时。只点一头的香也正好燃烧了半小时，剩下的半根还需要半个小时。再两头一起点，燃尽剩下的香所用的时间是 15 分钟。这样两根香全部烧完的时间就是 45 分钟。

36.巧倒粮食

先把袋子上半部分的小麦倒入空袋子，解开袋子上的绳子，并将它扎在已倒入小麦的袋子上，然后把这个袋子的里面翻到外面，再把绿豆倒入袋子。这时候，把已倒空的袋子接在装有小麦和绿豆的袋子下面，把手伸进绿豆里解开绳子，这样小麦就会倒入这只空袋子，另一个袋子里就是绿豆。

37.哪个小球是次品

在天平两端各放两个小球，次品的那端肯定重。然后在天平两端各拿走一个小球，如果这时天平是平衡的，那么刚才重的那端拿走的小球是次品；如果天平还是不平衡，那么现在天平上重的那端的小球就是次品。

38.怎样排队

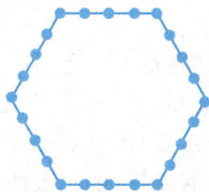

39.荒谬的法律

不可能。

按照统计规律，全部妇女所生的头胎中男女比例各占一半。如果母亲生了男孩就不能再生孩子，而生女孩的母亲仍然可以生第二胎，比例是男女各占一半。生男孩的母亲退出生育的队伍，生女孩的仍然可以生第三胎。在每一轮比例中，男女的比例都各占一半。因此，将各轮生育的结果相加起来，男女比例始终相等。当女孩们成长起来成为新的母亲时，上面的结论同样适用。

40.月亮游戏

后羿用箭射的当然是太阳，但很多人未经思考就会做出反应，回答说"月亮"。这就是思维惯性的影响。

41.世纪的问题

是 20 世纪。21 世纪是从 2001 年 1 月 1 日开始的。

42.鸡蛋怎么拿回家

乐乐可以把篮球里的气放掉，把球压瘪，使球呈一个碗形，然后把鸡蛋放在里面拿回家。你还有其他更好的方法吗？

43.CD 的纹路

一张 CD 唱片只有一条纹路。

44.极速飞车

无法确定。因为不知道全程是多少。

第二部分 发散思维游戏

45.古书的厚度

3 毫米。你的计算是不是把所有的厚度都相加呢？要知道，题目中已经提到了，这是两本线装古书，按照古书的设计，是向右翻页的。所以，从上册封面到下册封底的距离只有 1.5 毫米 + 1.5 毫米 =3 毫米。

46.汽车和火车同行

当竞赛汽车装在火车上的时候。

47.胜利的秘诀

只要第一个拿走桌子上的 3 枚硬币便一定能赢。

48.环球旅行家的话

正确。由于地球是自转的，6 个月前，旅行家在南半球过夏天，那时候广州是冬天。

49.本领最高的神枪手

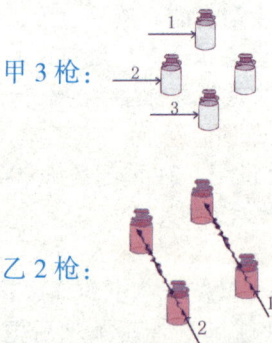

甲 3 枪：

乙 2 枪：

丙：把桌子的一条腿射断了，桌子倒了，桌上的瓶当然全部不能自保喽。

50.摩托车比赛

两兄弟交换了彼此的摩托车。

51.哪个冷得快

温度高的一杯冷得快。不信，你可以亲自试验一下。这就是姆潘巴现象。冷却的快慢不是由液体的平均温度决定的，而是由液体上表面与底部的温度差决定的。热牛奶急剧冷却时，这种温度差较大，而且在整个冻结前的降温过程中，热牛奶的温度差一直大于冷牛奶的温度差。上面的温度愈高，从上面散发的热量就愈多，因而降温就愈快。

52.测量牛奶

先把牛奶瓶正放，用直尺量出瓶子里牛奶的高度；再把瓶子倒过来，量出从牛奶的液面到瓶底的高度。两次量出的高度相加，就是与牛奶瓶容积相等的圆柱体的高度。这样，就可以用牛奶的高度占圆柱体瓶高度的百分比算出牛奶占整个瓶子容积的百分比了。

53.横竖都是 6

看起来把 10 枚硬币按照要求摆是不可能的，但题目并没有限定每个位置上只准放一枚硬币啊，你可以在"十"字的中心位置摆两枚硬币，这样 10 枚硬币不论横竖就都是 6 枚了。

54.怎样倒水

把两个杯子都倒满，然后将水壶里的水倒掉。接着将 300 毫升杯子内的水全部倒回水壶，把大杯子的水往小杯子里倒 300 毫升，并把这 300 毫升水倒回壶中，再把大杯子剩下的 200 毫升水倒往小杯子，把壶里的水注满大杯子(500 毫升)，这样，壶里只剩 100 毫升水。再把大杯子的水注满小杯子(只能倒出 100 毫升)，然后把小杯子里的水倒掉，再从大杯子往小杯子倒 300 毫升，大杯子里剩下 100 毫升，再把小杯子里的水倒掉，最后把水壶里剩的 100 毫升水倒入小杯子。这样每个杯子里都恰好有 100 毫升的水。

55.正反都一样的年份

1961。

56.开关和灯泡

打开一个开关,过一会儿关掉,再打开另一个开关,马上走到乙屋里。亮着的灯泡的开关就是第二次打开的开关。然后用手摸两个没有亮的灯泡,因为有一个开关事先打开了一会儿,所以有一个灯泡是热的,因此它就对应第一个开关。剩下的一个开关就对应另一个没有亮的灯泡。

57.包青天断案

包青天郑重其事地下令将孩子劈成两半,一人一半,来平息纠纷。其中一位母亲说同意,另一位母亲却为孩子求情,不忍让孩子劈成两半,愿意把孩子判给对方。包青天据此断定保全儿子性命的母亲就是孩子的亲生母亲。

58.妙进城堡

詹姆斯趁守门人出来巡视的间隙,快步走进城门,当守门人出来巡视时,又转身向回走。守门人误认为他想溜出城去,于是就把他赶进了城堡。

59.取滚珠

如图所示,由于塑料管是软的,可以把塑料管弯过来,使两端的管口互相对接起来,让两颗浅颜色滚珠滚过对接处,滚进另一端的管口,然后使塑料管两头分离,恢复原形,就可以把深颜色滚珠取出来。

60.反身开枪

题目只是说把帽子挂起来,并没有说挂在哪里,当然可以把帽子挂在枪口上,这样就能轻松做到了。

61.图形的奥秘

这是不可能的,如果你不信就自己动手试一试。

62.摆放不规则

将这4颗星星连在正方形的三条边上。

63.连点的方法

64.房子到底在哪里

北极或者南极。

65.相信不相信

那件事情就是:“你将在方框里写上‘否’”。

66.红豆和绿豆

锅里只炒一粒红豆和一粒绿豆就行了。如此简单的问题,为什么很多人想不出答案呢?原因就在于这个问题突破了人们日常的思维定式和思维习惯。所以,我们在以后的工作或学习过程中,一定要打破思维定式,那样,更有创意的想法就会自然而然地冒出来了。

67.转换方向

68.胖胖的木墩

切6刀。

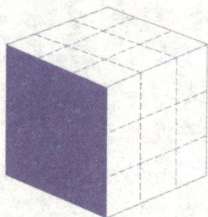

69.互相牵制的局面

70.斯芬克斯谜题

答案是人。

早晨,象征人刚出生的时候,是靠腿和手爬行走路的,所以早上的时候四条腿;中午象征人成年,是两条腿直立行走的,所以中午两条腿;晚上三条腿就是指人衰老的时候要借助拐杖走路,那么这个拐杖就形成了人的第三条腿,所以晚上三条腿。

71.喝酒

一个"瓶子"也没有喝。

72.机器猫的话

地球。在地球上你随便往上空扔一个小石头,它都会回来的。

73.环球旅行

他们说的都不对,因为飞机越过南极和北极之后,就会改变方向。

74.约翰的体重

完全有可能。最轻的时候是他出生的时候。

75.小熊猫的任务

76.美丽的小女孩

世界上又多了一个人。

77.老猴子的点子

老猴子先让兔子 A 将蘑菇平均切成两份,然后由兔子 B 先在两份中挑选一份,剩下的那份就留给兔子 A。因为蘑菇是由兔子 A 切的,这两份在他的眼中当然都是一模一样的。两份蘑菇在兔子 B 眼中肯定是大小不一样的,所以他挑走了那份他认为比较大的。

78.鸡与蛋哪个在先

这道题目并没有指明这个蛋一定就是鸡蛋不可。爬虫类在地球上出现的时间比鸡早得多,而且爬虫类也会下蛋,所以地球上是先有蛋。

79.自驾旅游

有可能。比如:小丁的车先慢下来,然后加大油门加速追赶。

80.谁的孩子

他们都没错,很可能是你搞错了。第一个人是第二个人的爸爸,第二个人是第一个人的女儿。

81.缝隙有多大

不仅一头猪可以走过去,甚至你也可以走过去,如果你的个子不高的话。设地球的半径为R,绳子与地球的间隙为h,则有:$2\pi(R+h) - 2\pi R = 10$ 即 $h = 5/\pi$ 所以,这条绳子产生的间隙约有 1.6 米高。

82.买东西

直接说出来要买剪刀。你是不是想

说用手做剪子状比画呢？错了,因为瞎子会说话,不需要用手比画。

83.滚动的火柴

火柴从高处落地后会滚动，是因为火柴的形状细长，稍有侧力就会滚动。其实,只需要改变火柴细长的形状就行了。比如把火柴从中间折弯,落地后就不滚动了。

84.火车在什么地方

毫无疑问,火车应该在铁轨上。

85.来回的疑问

这道题容易给人造成一种错觉，以为是一个很复杂的问题。其实想一想就会明白80分钟和一小时又二十分钟一样长。

86.重合的问题

一般说时针和分针重合，是指示位置的重合。但题目中指的是"完全一点不差的重合",时针和分针能达到这个要求吗？所以,不论走多少圈,一次也不会完全重合。

87.如何过桥洞

只要在船上加些诸如石块等重物,使船下沉1厘米,就可以安全地通过桥洞了。

88.读书计划

按照计划,第六天读了20页。

89.车应怎样开

可以倒行汽车3公里。

90.狗狗赛跑

都不流汗。

狗的皮肤汗腺不发达，所以即使是在大热天或运动之后,也不会出汗。狗经常伸出舌头喘气，让体内部分水分由喉部和舌面排出，这是狗散发体内热量的一种方式。

91.园丁的妙招

这道题考的是一个创新思维，关键是看你会不会颠倒思考问题，而不是一味地想要把巨石搬到小岩石上。为什么不把小岩石放在巨石下方呢？新来的园丁指挥大家用铲子挖开巨石下方的土壤，把一些150公斤重的小岩石放进去就可以了。

92.巧移火柴

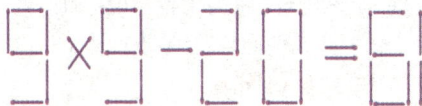

$9 \times 9 - 20 = 61$

93.抛硬币

毫无疑问是1/2。无论谁来抛,也无论抛多少次,这个概率是不会变的。千万不要让惯性思维把你带入陷阱。

94.要跳多少步(1)

至少需要15步。

95.要跳多少步(2)

至少需要20步。

96.单数变偶数

SIX。

97.为什么没有受伤

别去想他有什么神奇的本事了，他只是做了一件连你也能做到的事，即从坐椅上跳到了机舱里，当然他不用担心安全问题了。

98.弹头不见了

凶手利用与死者同血型的血液，经过快速冷冻，变成固体做成弹头。这种弹头射入人体后，会受体温影响而解冻融化成血液,使弹头自动消失。

99.盲人分袜

幸好搞混的是袜子。袜子不分左右的，所以两人只要各取每一双袜子的一只，就会各自组成两双蓝袜子、两双红袜子。

100.天平倾向哪边

天平最终是平衡的。冰在高温下一

熔化,化成的水蒸发一部分西瓜那端就会下沉滚走,冰化成水后也会流走一部分,剩余的水也在高温下蒸发了,天平最后依然保持平衡。

101.发生在公共汽车上的怪事

唉!这年头,家家都买了小汽车,公共汽车的生意差多了。车上只有一位乘客,那就是皮皮,他买了票,司机和售票员当然不会向他们自己索要车票。

102.旋转的圆圈

永远不能。是不是感觉上当了?

103.拉不开的门

把门推开。

104.连动齿轮

如果你找到了答案,你应该知道我在骗你,因为按照这样的组合,没有一个齿轮可以转动。每个轮子要有相同的齿距,整个齿轮组才能转动。并且你会发现,无论你向哪个方向转动,最后传递回来的都是相反的力量,所以答案是一圈也转不了。

105.镜子里的影像

其实这和镜子没有什么关系,是因为人的眼睛分左右,所以镜子中的影像就分左右了。如果你侧身看镜子,也就是一个眼睛在上,一个眼睛在下,你就可以看到上下颠倒的影像。

106.布满镜子的小房

也许你会想,你能看到无数个自己,其实你什么也看不见。因为没有光线能射进房间里面,到处一团漆黑,即使你有火眼金睛也不行。

107.自动飞回的皮球

没什么本事,只需要将球垂直向上扔再接住即可,想必你也一定能做到。

108.涨潮

不能。皮皮忘了水涨船高的道理。因为潮水上涨了,船也随之升起,船与绳子连在了一起,绳子当然也随着上浮。水涨多少,它们上浮多少,依然是最下面的一个手帕结接触到水面,所以他测不出来。所以,凡事要三思而后行,不然只会徒劳一番。

109.司机的妙计

司机将货柜车的车胎放气,货柜车的高度因而下降,当下降到某一程度时,货柜车便可顺利通过!

110.神奇的超车

小汽车已经沿湖跑了一圈,又快追上慢腾腾的小货车了,所以掉在小货车的后面。

111.池塘里共有几桶水

要看是怎样的桶。如果桶和水池一样大小,只有一桶水;如果桶只有水池一半大,则有两桶水;若桶有水池的1/3大,则有3桶水。以此类推。

112.到底中了几枪

凶手开枪时,被害者正背对窗子弯腰,子弹射穿了她的大腿后进入胸部,所以表面上看好像是中了两枪。

113. 48 变 50

能。原来的瓶子是按照四边形的排法来放瓶子的,其实所有的圆柱体物品如果按照六角形排法,都可以节省空间。所以用六角形排法,原来的箱子完全可以放50个瓶子。如图:

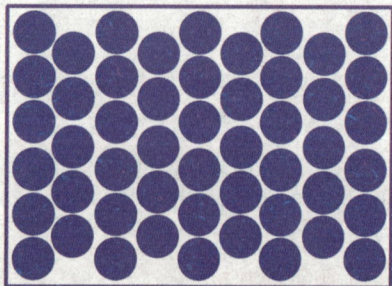

第三部分 想象思维游戏

114.分衣服
把衣服放在太阳下晒,黑色更吸光,温度更高些。所以热一些的是黑衣服。

115.橡胶藏在什么地方
那些空胶桶就是偷运出去的橡胶。工人们先将橡胶加工成桶形,待运出厂后,再将它熔化掉,转卖给他人。

116.过桥洞
只要给汽车轮胎放气,让汽车的高度降低1厘米,就可以安全地通过桥洞了。

117.激发想象力
毫无疑问,答案应当是"水",这是智力正常的人都知道的。可是,大多数人在被问到这个问题时却会错误地说"牛奶"。不过这不是思维惯性造成的,而是想像力给人的误导。

118.为什么不让座
公交车上有空座位。

119.有多少土
既然是一个洞,怎么会有土?所以,洞里没有土。

120.飞行员的姓名
这位飞行员的名字就是"你"的名字。

121.鸡蛋不破
可以。只要将鸡蛋的高度拿到1米以上,然后让鸡蛋自由下落,当它下落了1米的时候,并没有碰到地面,当然不会破。

122.古铜镜是真的吗
公元前四十二年的时候,"公元"这个概念还没有产生;汉字的公元纪年到20世纪才出现。在使用公元纪年前,是使用帝号纪年和干支纪年。

123.谁在挨饿
不对。动物园里有2只幼熊。

124.哪一杯是水
往杯里面加几滴水,看水滴是否和上层的液体混合在一起,能混合的即为水。

125.黑夜看报
这个人是一个盲人,他看报是用手来"看"的。

126.翻硬币
无论翻动多少次,都不能使硬币的国徽一面都朝上。

127.最先到达的地方
以上皆不是,冒险航海绕地球的是麦哲伦。

128.外国人与中国人
是这个外国人到中国来了。

129.火柴棒难题

130.穿越森林
最多走进森林的一半,因为再往前走就不是"走进",而是"走出"了。

131.摔不伤的人
虽然是20层的大楼,但没有说那个人是从哪一层的窗户往下跳的,可以从20层大楼的第一层的窗户往下跳,这样就不会摔伤。

132.还有几条活蚯蚓
有7条蚯蚓,因为被切为两段的蚯蚓都活着。

133.究竟出了什么问题
医生也可能生病,精神科医生也可能去找内科医生看病啊!

134.到底是星期几

星期三。首先你要弄清楚今天是星期一，才能判断后天是星期几。

135.先喝到杯底的饮料

把吸管直接插到瓶底，这样就能先喝到瓶底的饮料了。

136.快速反应

是8。圆形是1条线，而八边形是8条线。

137.油漆的颜色

他应该到商店买黄色的油漆。你可能会想到用红、绿、蓝3种颜色的油漆调制出黄色，但是红、绿、蓝3种颜色油漆的组合，是不可能调出黄色油漆的。红、黄、蓝才是颜料的三原色，而红、绿、蓝则是光线的三原色。

138.烤饼

假设3张饼分别为1、2、3，烤饼的具体步骤为：

先将1和2两张饼各烤一分钟，然后把1饼翻过来，取下2饼，换成3饼；一分钟后，取下1饼，将2饼没有烤过的一面贴在烤锅上，同时将3饼翻过来烤。

139.有多少水

把桶半倾斜。如果水盖不住桶底又没有溢出来，说明少于半桶；如果持平，则刚好是半桶；如果水溢出来，则说明水多于半桶。

140.最后的赢家

应该先在桌子的正中心放一个硬币，之后无论对方怎么放，你只要在对称的地方放上硬币，直到对方无法放置，你就赢了。

不管换成什么桌子，只要它的形状具备上下左右的对称性，你先把硬币放在桌子的正中间就能赢。

141.冰上过河

有两种办法：一是清除河面上的积雪，使寒冷传至冰层以下；二是在冰面上浇水。

142.喝了多少杯咖啡

一杯咖啡。

143.两岁山

当地人把前边的"12"看作一年的12个月，把后边的"365"看作一年的365天。前后加起来，正好是两岁。

144.取出药片

很简单，只要把瓶塞按到药瓶里面去，就可以取出药片了。

145.葱为什么卖亏了

要知道，葱原本是1元钱一斤，也就是说，不管是葱白还是葱叶都是1元钱一斤。而分开后，葱白却只卖7角，葱叶只卖3角，这当然要赔钱了。

146.爬楼梯

第5层。如果同时从1楼开始，甲到第9层时实际是跑了8层，而乙是跑了4层，恰到第5层。

147.真花和假花

蜜蜂在哪朵花上停留，哪朵花就是真的。蜜蜂只采真花。

148.巧移乒乓球

由于乒乓球很轻，可可用嘴对着杯子使劲吹一口气，乒乓球就能跳出来。

149.爸爸的考题

只要拿起鸡蛋往桌上一磕，把下面的蛋壳磕破了，就能把鸡蛋稳稳地立在桌面上。

150.怎么过桥

用比桥面长的钢索，系在前面与后面的两辆汽车之间，这样二者就不会同时压在桥上，便可以顺利通过大桥。

151.提示猜想题

撒哈拉沙漠。

152.浓烟飘向哪个方向

现在的电动机车不像以往的蒸汽机车，它不会"喘气"冒浓烟了。这道题目与你开了个玩笑，不过它很能考你的反应能力和观察问题的能力哦。

153.大胆想像

像一张世界地图。

154.怎样架桥

架一座宽 200 米的桥，自然可以斜着走直线从 A 地到 B 地了，距离当然也是最短的了。

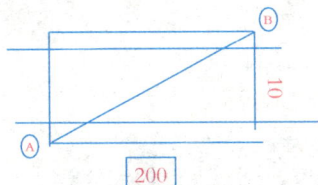

第四部分 观察思维游戏

155.该放哪一种水果

正确答案应该是桃子。

这张图里 3 种水果的排列，从里到外形成一个漩涡状，排列的顺序依次是苹果、桃子、草莓。如果你能看出这一点，答案也就很简单了。

156.该填什么数字

3。互为对角部分的数字之和等于 11。

157.正方形的头巾

11 个。

158.黑度的区别

左边的黑度与右边的黑度是一样的。"模糊"可以给人在感觉上改变事物的本身的色度。

159.一笔成图

1、2、3 可以一笔画出来，4、5、6 不能一笔画出来。

160.拼积木

如图：

161.不成立的等式

$$7 + 1 - 4 = 4$$

162.流动的竖线

虽然我们看起来这些线段的长度是有差别的，但所有线段的长度确实都是相同的。

163.找关系

1,3,8,7 注音都是一声；2,4,6 注音都是四声；5,9 注音都是三声。不要看到数字就想到要用数学的解题方法来解决。

164.数图形

正方形 15 个，长方形 34 个，三角形 42 个。

165.微笑的女人

女人的眼睛画错了，上睫毛短，下睫毛长，嘴巴的上唇和下唇颠倒过来了。

166.残缺变完整

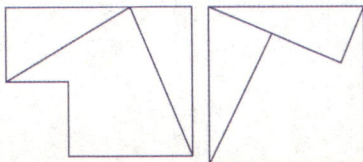

167.谁不一样

钳子。其他都是锯状物。

168.聪明的柯南

大侦探很容易就能使他们分开。他的助手用双手抓住柯南的绳子,使他的绳子在他助手的另一侧形成一个松弛的绳圈,然后他把绳圈塞入助手手腕上的套索中。这时发现,要使绳圈不扭曲,只能穿过一只手腕。然后他把绳圈绕过助手的手指。当他把绳圈绕过助手的手并从套索中拉出后,他们就自由了。

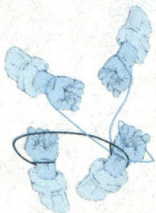

169.反方向运动的猪和鱼

猪:2 根;鱼:3 根。

170.三分土地

增加 7 根火柴。

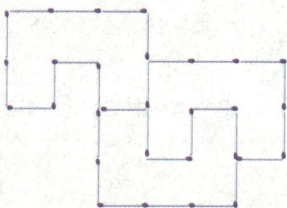

171.贪心的老鼠

老鼠从第 8 扇门进去,这样能一次吃完所有点心且路线不重复。其路线如下图:

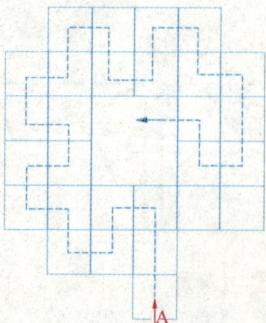

172.联邦调查局的难题

这位新来的助手将这份密函水平端起来,闭上一只眼睛,斜斜地看着图形,发现有"HELLO"的字样。

173.不和谐的邻居们

174.考考你自己

1 和 9。

B+D=E;E−A=C。

175.划分区域

176.巧手剪纸

177.圆点不见了

将右眼闭上,只用左眼注视▲。

178.奇妙的莫比斯环

1 个大环和 1 个小环套在一起。

179.一笔勾图

最多只能是一个,因为你画出第一个图后,就必须再拿起笔才能画第二个。

180.找缺失的部分

B。

181.两位数学老师

这个等式是 $9 \times 9 = 81$，但从不同的方向看就会看成不同的式子，另一个老师看的就是 $18 = 6 \times 6$。

182.测测你的观察力

善于观察的人会发现这是电脑键盘最左边的字母排列顺序，答案自然很容易就知道了。

183.最高的人

3个人一样高。这是一幅立体空间图，之所以看起来最前面的那个人矮，是你观察的角度不一样。

184.没有办法完成的作业

35 页和 36 页之间是不存在页码的，不信的话，你可以找本书试试看。

185.可以看出几个靶子

将靶子涂上深浅不同的颜色，显示出共有 17 个靶子。

186.愚昧的贵妇人

工匠师只要在水平一排的两端各偷走一颗钻石，再把最底下的一颗钻石移到顶上，就可以蒙骗住愚昧的贵妇人。

187.该涂黑哪个

188.怎样分才公平

189.14 个正三角形

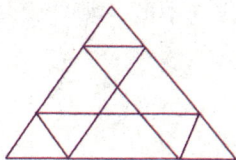

190.奇形怪状的木板

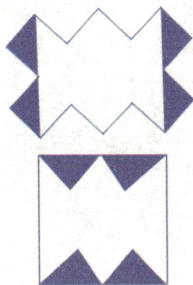

191.缺少什么数字

6。最后一行是上两行的平均数。

192.围墙

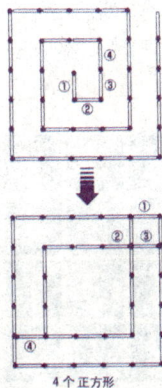

4 个正方形

193.走围城

194.2 变 8

将两根火柴棒底端的正方形对齐，然后将其中的一根转动 45 度角即可

195.数学天才的难题

七边形上每个边的数字之和为 26。

196.复杂的表格

26。第一列数乘第二列数，再加上第三列数，等于第四列数。

197.数字方块游戏

198.考眼力

199.顽皮的猫

从 3 和 4~9 和 10 之间裂开的。

200.数字哑谜

16。

□=4，◇=7，

△=6，▮=5。

201.补充六线星形

202.找规律

它们应该是按这样的顺序排列的：1，1，2，3，5，8，13，21。

很明显可以看出，前两个数之和等于后一个数，这就是世界上有名的斐波纳契数。

203.举一反三

34。用正方形左上角、右下角的数字和左下角、右上角的数字各组成一个两位数，它们的差就是正方形中间的数。

99 - 65=34。

204.神奇的折纸

你可以从长的一边剪开约 1/3，向下折，把它折在反面，剩下的就容易了。是不是很简单？

205.摆三角形

很简单，完全可以摆成一个三角

形。题目并没有要求3根木棒必须首尾相接。

206.切正方形

一个正方形切去一个角，有3种切法，会出现3种情况：

①切去一个角，得到5个角；

②切线通过另一个角，则得到4个角；

③切线通过另外两个角，只剩3个角。

207.镜子里的影像

判断左右是人的一种视觉习惯。实际上，视觉分辨左右和分辨上下的概念不同。当人侧身躺下时，令头的方向为右，脚的方向为左，那么你会发现，原本在腹部"右边"的头，在镜子中则变成了在腹部的"左边"。

208.错位的眼睛

如果你用直尺测量一下，会发现这个人的眼睛并没有错位，而看起来错们是因为我们的视觉受到了环境的影响。这就是观察的有趣之处。

209.开环接金链

只要打开3个环。只需要打开同一条链上的3个环，将3个环和其他的金链首尾相接就可以连成一个金链圈。

210.倾斜的线条

这就是著名的倾斜感应。尽管竖直的线条看起来有点朝外倾斜，但它确实没有倾斜。斜线会引起我们方向感的错觉，使倾斜的感觉变得更强烈。

211.角度排序

所有的角都是90度直角，不信的话你可以用量角器测量一下。而在我们的感觉中，红角看上去要大一些，绿角看上去则要小一些。

212.大于3，小于4

213.巧划分(1)

214.巧划分(2)

215.火柴变形

5个三角形　　4个三角形

3个三角形　　2个三角形

216.系绳子

把蓝绳的两端分别系在红、黄绳子的两头。

217.聪慧的木匠

218.取代图形

B。正如图 2 是图 1 垂直翻转 180 度再顺时针旋转 90 度一样，B 和图 3 也具有这样的关系。

219.谁走的路短

如果不考虑街巷的宽度，单从理论推算的话，两人走的路程是一样长的。但实际上，皮皮走的路程要短些，因为街巷不是一条细细的直线而是有宽度的，路面越宽，皮皮走的路就越直，即可选择斜边走。而琪琪走的是两直角边，斜边是小于两直角边之和的。

220.哪个图形不同

A 和其他三个不一样，只有它是由单条封闭曲线组成。

B 和其他三个不一样，只有它是由一条线段和一条曲线组成。

C 和其他三个不一样，只有它是由两条曲线组成。

D 和其他三个不一样，只有它全部由线段组成。

不管怎么样，你都是对的，但你有没有看出它们所有的区别呢？如果让你找出它们的共同点，又是什么呢？

221.办公室平面图

如图所示，撞到墙后再转弯。

222.保持平衡

5 个太阳符号。各符号的数值为：月亮 = 2，云 = 3，太阳 = 4。

223.不一样的图形

D。因为 A、B、C、E 4 幅图中黑块在中间且左右对称，而 D 不是。

224.哪一个图形相似

B。理由是小长方形与圆共有一个圆点，但大长方形与小长方形间没有共同的圆点。

225.奇妙的摩比斯带

不能。摩比斯带只有一个边及一个面。

226.比周长

一样长。圆的周长是直径与圆周率的乘积，而 4 个小圆的直径之和刚好等于大圆的直径，圆周率是一定的，所以两者当然相等。

227.哪个不合群

C。只有它的"台阶"笔画数在三角形个数的一半以下。

228.哪只鸭子先上岸

左下角的鸭子先上岸。鸭子上岸时，先要抖掉身上的水，再用嘴梳理羽毛。

229.找不同

仔细观察，只有 D 是不对称的。

230.找对应

F。均有一曲线变为直线，一直线变为曲线。

231.变脸

A。规律是：脸部加一划，在脸部加一划和加一根头发，再加一根头发，再在脸部加一划和加一根头发。如此反复。

232.图形互补

B。

233.矫正视觉

①两门一样大。

②平行。

234.缺少哪一块

如图，三个轮子相对应的一瓣中都各有一黑二白分瓣，黑分瓣位置各不相同。

235.下一朵花是什么样子

如图，变化规律是：添一叶，再添两花瓣，然后减一花瓣和添一叶，如此反复。

236.哪一个是鸭子的影子

C。

237.不属于同类

(1)西红柿是蔬菜，其余是水果；

(2)案板不是刀具；

(3)老虎没有角；

(4)笛子是管乐，其余是弦乐。

238.哪根绳子没打结

②和③不能成结。

239.共有多少条路径

15 条。下面这个 4×4 的矩阵显示图中每一点各有几条路可到：

1	1	1	1
3	2	1	2
3	8	10	2
3	3	13	15

240.寻找五角星

241.哪一个图案是多余的

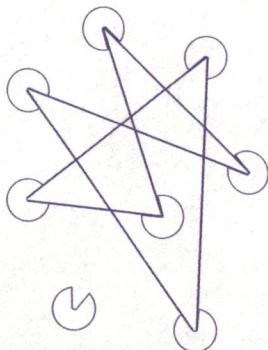

242.数数看

分别有 1,5,13,27,48,78,118 个三角形。

243.智力检测表

别胡思乱想,集中注意力就行。

244.哪个字母不见了

字母 D 不在里面。

245.一共有多少对

共有 44 对。

246.找图填空

A。构图规则:自上而下,由左边第一列起,各图形出现的顺序和数量为 2 太阳,4 星星,3 月亮,2 地球,如此反复。每一列数完后,接着数下一列,仍自上而下。

247.考考你的注意力

1—M	2—G	3—R	4—H
5—D	6—S	7—E	8—B
9—K	10—F	11—P	12—C
13—I	14—A	15—J	16—L
17—O	18—N	19—Q	20—T

第五部分 分析思维游戏

248.丢失的稿件

丢失的是 7~8 页。

249.变三角形

250.三个数

$1 \times 2 \times 3 = 6$,

$1 + 2 + 3 = 6$。

251.自制扇子

252.台历日期

假设中间那天的日期为 X,则 (X−8)+X+ (X+8)=42。这样可以得出 X=14。所以这三天应该是 6 号、14 号、22 号。

253.转动的距离

小圆滚 2 圈的距离等于大圆的周长。所以答案为 2 圈。里圈和外圈答案一样,因为距离没有变。

254.和为 18

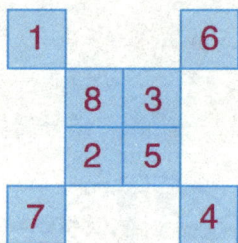

255.火柴游戏

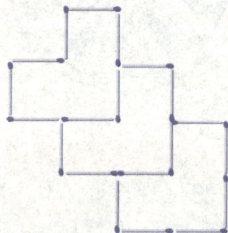

256.求婚的门槛

所罗门王画的图案中一共有 31 个不同的等边三角形。

257.复杂的图形

15 个正方形,72 个三角形。

258.只剩 5 个正方形

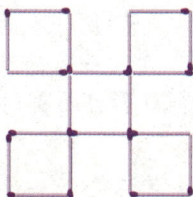

259.奇怪的现象

5 小块图形中最大的两块对换了一下位置之后，被最上面的斜线切开的每个小正方形都变得高比宽大了一点点。这意味着这个大正方形不再是严格的正方形。它的高增加了,从而使得面积增加，所增加的面积恰好等于那个方洞的面积。

260.多多家的小鸭子

把其中的 4 根木条都截成原来木条长度的一半，然后放在平面上拼起来。如下图。

261.糟糕的台历

星期六。

262.问号处该填什么

这张图里的 3 种图案排列，由里到外形成一个漩涡状，排列的顺序如图所示：

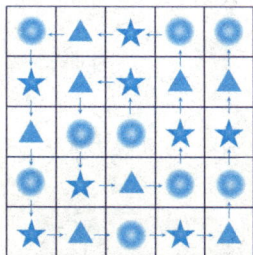

263.有趣的棋盘

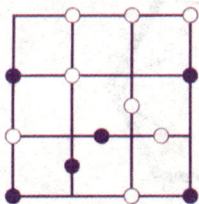

264.母鸡下蛋

母鸡能在格子里下 12 只蛋。

265.陌生的邻居

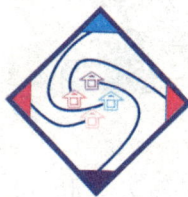

266.看图做联想

这些物品都是成对出现的。

267.爱因斯坦的谜题

挪威人住黄屋子，抽 Dunhill,喝水,养猫;

丹麦人住蓝屋子，抽 Blends,喝茶,养马;

英国人住红屋子，抽 PallMall,喝牛奶,养鸟;

德国人住绿屋子，抽 Prince,喝咖啡,养鱼;

瑞典人住白屋子，抽 BlueMaster,喝啤酒,养狗。

所以答案是:德国人养鱼。

268.找伙伴

269.地图

当你走到只有左转或者右转两种选择的 T 字路口时,只要左转就行了。

270.消失的颜色

绿色。这些圆圈的排列顺序:开始是红色,接下来的是黄—蓝—绿,然后以此顺序排列。

271.如何种树

按下图的栽法,可使得 16 棵树形成 15 行,每行 4 棵。

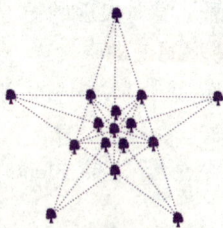

272.不湿杯底

把杯子倒着放进水里,这时由于杯子里面充满了空气, 由于空气压力,水就不会流进去,杯子底部也就不会被弄湿了。

273.掌心里的洞

你会发现好像左手的掌心有一个洞。这是一个错觉。

右眼只是看到了纸筒的里面,而左眼却看到一只平平的手掌。而每只眼睛所接受的影像,都将在大脑里聚合成为一个立体影像,正像你所看到的那样。

274.一步之差

第一种方法是 3=22/7,但 π =22/7 更接近正确答案。

275.暗藏陷阱的宝藏图

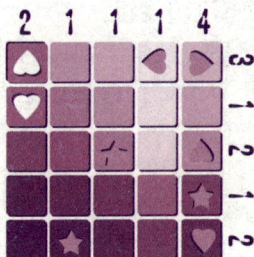

276.怎样合法销售

商店可以每斤水果卖高价,每次购买就赠送一种电器或一些图书。

277.数字模板

空格中应填入 * 和 #。这个数字模板实际上是电话机上的号码键。

278.什么骗了你

(1)大小相等。

(2)长短相等。

279.孤独的星星

最上面的黄色星星。因为其他的同色星星都可以分别组成正三角形。

280.吃樱桃

281.最后的弹孔

最后一枪的弹孔是 C。后发射的子弹是射在玻璃上的，子弹被前面击碎的玻璃裂纹挡住停下。按顺序查一下，就知道子弹发射的顺序是 D、A、B、C。

282.有趣的类比

8。图中的方格被编以 1 到 9 之间的号，从左上角开始，先从左到右，再从右到左，最后又从左到右。

283.兔子的食物在哪里

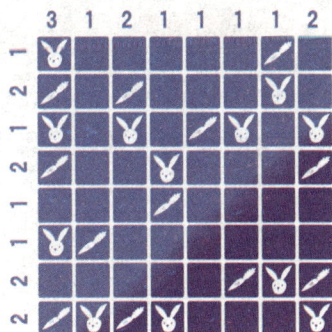

284.复杂的碑文符号

这个图可以经过 13 个转折一笔画成：

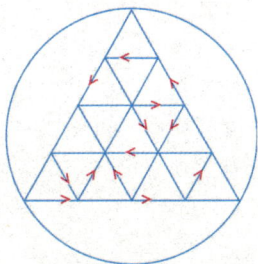

285.填色游戏

286.魔术阶梯

施罗德阶梯为你提供一个有用的信息：你要将卡片中的 6 和 9 倒过来放。这样，卡片就能形成连续数字(9,10,11,12,13)。

287.如何称重

先称皮皮、琪琪和皮皮弟弟 3 人的总重量，然后称皮皮和弟弟 2 人的重量，最后称皮皮和琪琪的重量。这样就可很快算出 3 人各自的体重了。你是这么想的吗？好简单哟！

288.多少个等边三角形

35 个。你是不是有遗漏呢？

289.音乐转灯

给那么多的条件只是为了迷惑你，请你仔细想一下，在一分钟后，它们各自刚好转了整数圈，肯定又会恰好对齐。

290.一封假遗书

詹姆是看了信上的日期后，才推断凶手可能是美国人。因为英国人写时间是先写日期，再写月份的。但美式写法则刚好相反,是先写月份,再写日期的。

291.比面积

三边是 3、4、6 的三角形的面积大。也许你还想去求两个三角形的面积,然后比较大小,可两者的面积不那么好求。其实本题根本不用去求三角形的面积,3、4、6 能构成一个三角形,它的面积不为 0;而 300、400、700 不能构成一个三角形,只是一条长的线段,当然面积为 0 了。所以,三边是 3、4、6 的三角形的面积大。做题时,可要先好好分析一下题!

292.大挂钟

55 秒。记住,钟敲了 12 下,但时间的间隔只有 11 下,所以为 55 秒。

293.步行比乘车快多少

皮皮白白地辛苦地走了全程的 1/2,他步行加乘车与一开始就乘车所用的时间一样多。因为他步行全程的 1/2 所用的时间与他在车站上等车加上坐车到全程 1/2 处所用的时间是一样的,他走与不走最终都要按那辆班车到达目的地所用的时间计算。他除了在心理上得到一点安慰外,是不会节约一分钟的。

294.爬楼梯

当然不对啦!皮皮上楼要走 7 层楼梯,琪琪要走 3 层楼梯,皮皮要多爬一倍多的楼梯。

295.计划有变

这是个巧答题,阿哈去时用了 2 倍的时间,也就是把原计划往返的时间全用了,这样,他即便飞着回来也赶不及了。

第六部分 数字思维游戏

296.水多还是白酒多

一样多。第二次取出的那勺水,因

为它和第一勺体积相等,都设为 a。假设这勺混合液中白酒所占体积为 b,那么倒入第一杯白酒的水的体积为 a − b。第一次倒入水中的白酒体积为 a,第二次舀出 b 体积白酒,则水里还剩 a − b 体积白酒。所以白酒杯里的水和水杯里的白酒一样多。

297.买鸡卖鸡赚了多少钱

第一次 9 元钱卖掉时赚了 1 元,第二次 11 元卖掉时又赚了 1 元。总共是 2 元。

298.如何称糖

两个砝码放左边,右边放糖,平衡后把左边的砝码换成糖,再次平衡时左边的糖应该是 1 公斤的。

299.答案为 1

+29、×7、−94、×4、−435。

(29 × 7 − 94) × 4 − 435 = 1。

300.问题时间表

亮亮把时间进行了重复计算。举一个很简单的例子,在他暑假的 60 天里,他把用餐和睡觉的时间既计入了暑假的时间,又分别计入了全年的用餐时间和睡眠时间。

301.冷饮花了多少钱

冷饮花了 5 角。

302.如何摆麦袋

至少移动 5 个麦袋,麦袋的摆放次序是:2,78,156,39,4。

303.共有多少只蜜蜂

一共有 14641 只蜜蜂。

第一次搬兵:1+10=11(只)

第二次搬兵:11+11×10=121(只)

第三次搬兵:……

一共搬了四次兵，于是蜜蜂总数为：$11 \times 11 \times 11 \times 11 = 14641$(只)

304.移数字

将102改为10的2次方。

305.巧填算式

(1)$2 + 3 \times 4 + 5 \times 6 + 7 \times 1 = 51$

(2)$5 + 6 \times 7 + 1 + 2 - 3 + 4 = 51$

(3)$6 \times 7 + 1 + 2 - 3 + 4 + 5 = 51$

306.断开的风铃花

因为并没有要求绳子是直的，所以可以用5个风铃花连成一个圈。

307.猎人的收获

0只。"6"去掉"头"，"8"去掉半个，"9"去掉"尾巴"，结果都是"0"。

308.难解的债务关系

只要让乙、丙、丁各拿出10元钱给甲就可以了，这样只动用了30元钱，否则，每个人都按照顺序还清的话就要动用100元钱。

309.列算式

$9 \times 8 + 7 - 6 + 5 \times 4 + 3 \times 2 + 1 = 100$

此外还有另一种算式：

$9 \times 8 + 7 + 6 + 5 + 4 + 3 + 2 + 1 = 100$

310.和尚分馒头

你可以用"编组法"。由于大和尚一人分3个馒头，小和尚3人分一个馒头，合并计算，即：4个和尚吃4个馒头。这样，100个和尚正好编成25组，而每一组中恰好有1个大和尚，所以我们可立即算出大和尚有25人，从而可知小和尚有75人。

$100 \div (3+1) = 25$，$100 - 25 = 75$。

311.运动服上的号码

他运动服上的号码是1986。

312.等于100

(1)$1 + 2 + 3 + 4 + 5 + 6 + 7 + 8 \times 9 = 100$

(2)$123 - 45 - 67 + 89 = 100$

313.老钟

36分钟。

对于老钟来说，从3点到12点，实际需要的时间是9×64分钟；如果目前是12点，则已经过了9×60分钟，所以还需36分钟。

314.什么时候相遇

1分钟后。

315.关于"5"的创意算式

$1 = 55 \div 55$

$2 = 5 \div 5 + 5 \div 5$

$3 = (5 + 5 + 5) \div 5$

$4 = (5 \times 5 - 5) \div 5$

$5 = 5 + 5 \times (5 - 5)$

$6 = 55 \div 5 - 5$

316.过河

9次。因为他们每次都要有一个人把船划回来。

317.井底之蛙

8次。

不要被题中的枝节所蒙蔽，每次跳上3米滑下2米实际上就是每次跳1米，因此10米花10次就可全部跳出，这样想就错了。因为跳到一定时候，就出了井口，不再下滑。

318.粗心的管理员

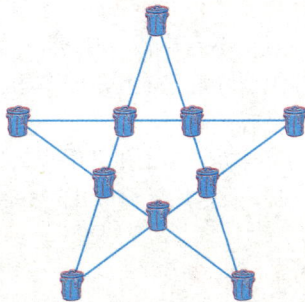

319.多少只羊

本题载于我国明代著名数学家程大位的《算法统宗》一书上。

（100 − 1）÷（1 + 1 + 1/2 + 1/4）=36（只）。

320.神奇的数字

(1+2)÷3=1

1×2+3−4=1

[(1+2)÷3+4]÷5=1

[(1×2+3−4)+5]÷6=1

｛[(1+2)÷3+4]÷5+6｝÷7=1

｛[(1×2)+3−4+5]÷6+7｝÷8=1

321.多少岁

这个人去世时 18 岁。因为年号里没有称为 0 年的年，而生日前一天或者后一天之差，在年龄上就差一岁。

322.惨烈的尖叫

这是一个看起来复杂其实很简单的问题。作案时间是 12:05 分。计算方法很容易，从最快的手表(12:15 分)中减去最快的时间(10 分钟)就行了。或者将最慢的手表(11:40 分)加上最慢的时间(25 分钟)也可以得出相同的答案。

在分析问题的时候，最重要的是找到解决思路，把看似复杂的问题分解成简单的部分处理。

323.找到隐藏的数

3581，7162。

324.阿凡提为什么不害怕

水面一点也不会升高，因为冰块融化成水的体积正好是它排开水的体积。

325.牛奶有多重

牛奶的一半重 3.5−2=1.5（千克），牛奶重 1.5×2=3（千克），瓶子重 3.5−3=0.5（千克）。

326.山羊吃白菜

9 分钟。一只山羊吃掉一棵白菜需

要 6 分钟，所以，吃掉一棵半的白菜需要 9 分钟。半只山羊是不会吃东西的。

327.如何胜券在握

他应该先放空枪。他如果先射击"枪神"，打中的话，"枪怪"就会在 2 枪之内把他打死；如果先射击"枪怪"，射中的话，枪神会一枪就要了他的命。如果先射"枪怪"而未中，"枪神"就会先射"枪怪"，然后对付莱特。假如射中了"枪神"，"枪怪"赢莱特的几率是 6/7，而莱特赢的几率是 1/7。

假如先放空枪，莱特下一步要对付的就是其中一个人了。如果"枪怪"活着，莱特赢的几率是 3/7。如果"枪怪"没打中"枪神"，"枪神"就会一枪打中他，此时莱特的胜算是 1/3。

莱特先放空枪，他的胜算会提高到约 40%，而"枪神"、"枪怪"的胜算是 22%、38%。

328.玻璃瓶里的弹珠

这个玻璃瓶里装有 8 种颜色的弹珠，如果真的算你倒霉的话，最坏的可能性就是前 8 次摸到的都是不同颜色的弹珠，而第九次摸出的任何颜色的弹珠，都可以与已摸出的弹珠构成"同色的两个弹珠"。所以最多只需要取 9 次。

329.紧急情报

最少需要 3 人。

330.分橘子

在应该由丙打扫的 3 天中：甲帮助打扫 2 天，即 2/3；乙帮助打扫 1 天，即 1/3。因此，甲家得 6 斤橘子，乙家得 3 斤橘子。

331.镜子的游戏

18 和 81，29 和 92。

332.三位不会游泳的人

他们要往返 6 次：

第一次，两个孩子乘小船到对岸，

由一个孩子把船划回3个人所在的地方（另一个小孩留在对岸）。

第二次，把船划过来的孩子留在岸上，一个人划小船到对岸登陆。在对岸上的孩子把船划回来。

第三次，两个孩子乘船过河，其中之一把船划回来。

第四次，第二个人坐船过河。小船由小孩划回来。

第五次，同第三次。

第六次，第三个人过河。小孩把船划回来。三个人都顺利到达对岸。

333.值多少

狗 =12，马 =9，鸟 =5，猪 =7。

334.和为 99

$9 + 8 + 7 + 6 + 5 + 43 + 21 = 99$

$9 + 8 + 7 + 65 + 4 + 3 + 2 + 1 = 99$

335.卡片游戏

此题解答的关键是把"6"这张卡片颠倒过来变成"9"，这样就是"1"，"2"，"9"。

336.聪明律师的难题

那位寡妇应分得 1000 元，儿子分得 2000 元，女儿 500 元。这样，寡妇所得恰是儿子的一半，又是女儿的两倍。

337.小猫跑了多远

小猫跑了 5000 米。小猫的奔跑速度是不变的，只需要知道小猫跑了多长时间，就可以计算出它的奔跑路程。而同同追上苏苏用了 10 分钟，因此小猫跑了 5000 米。

338.著名作家的生卒年

该作家生于 1814 年，死于 1841 年。

339.电话号码

新号码是 8712。

340.古董商的交易

他赔了 5 元。假设甲古币收购时花了 A 元，乙古币 B 元，那么，

$A × （1+20\%）=60$，$B × （1-20\%）=60$，得 $A=50$，$B=75$，$A+B=125$，因此赔了 5 元。

341.剧院的座位安排

男子 17 人，女子 13 人，小孩 90 人，一共刚好 120 人。

342.天平称重

31 种。可以称 1 克 ~ 31 克中的任何一个整克数重量。该题为组合问题，5 选 1 有 5 种，5 选 2 有 10 种，5 选 3 有 10 种，5 选 4 有 5 种，5 选 5 有 1 种，合计为 31 种。

343.失算的老师

实际上是办不到的。因为安排座位的数字太大了。它需要 $10 × 9 × 8 × 7 × 6 × 5 × 4 × 3 × 2 × 1 = 3628800$ 天，这个天数将近 1 万年。

344.不会算数的顾客

5 枚 2 分的邮票，50 枚 1 分的，8 枚 5 分的，加起来正好是 1 元。

345.自作聪明的盗贼

假如 100 这个数可以分成 25 个单数的话，那么就是说这些单数的和等于 100，即等于双数了，而这显然是不可能的。

事实上，这里共有 12 对单数，另外还有一个单数。每一对单数的和是双数——12 对单数相加，它们的和也是双数，再加上一个单数不可能是双数，因此，100 块壁画分给 25 个人，每个人都不分到双数是不可能的。自首的盗贼出这一招是想嫁祸给他的手下，好让自己一人私吞赃物。

346.烟鬼戒烟

40 支。

347."鬼迷路"

实际上，这些人走了一个圆。人走路时，两脚之间有一定的距离，大约是

0.1 米,每一步的步长大约是 0.7 米,由于每个人两脚的力量不可能完全一致,因此迈出的步长也就不一样,若在白天要沿直线行走,我们会下意识地调整步长,保证两脚所走过的路程一样长。当在夜间行走辨不清方向时,就无意识调整步长,走出若干步后两脚走的长度就有一定差距,自然就不是沿直线行走,而是在转圈,这就是"鬼迷路"现象。

348.最简单的算式

(1)111 - 11=100;

(2)33 × 3 + 3 ÷ 3=100。

349.匪夷所思的数

任何数。这个奇妙的组合算出来的数遮住后面的"00",得到的永远都是最初的数。

350.只收半价

不能答应。假设两匹布值 20 元钱,一匹布就值 10 元,如果是半价,那两匹布就只值 10 元钱,一匹布也就值 5 元钱。5 元钱是不能抵消两匹布的半价的 10 元钱的。

351.四个 4

$$(4 + 4) \div (4 + 4) = 1$$
$$4 \div 4 + 4 \div 4 = 2$$
$$(4 + 4 + 4) \div 4 = 3$$
$$(4 - 4) \div 4 + 4 = 4$$
$$(4 \times 4 + 4) \div 4 = 5$$

352.风吹蜡烛

燃着的蜡烛最终将燃尽。所以,最后只能剩下 5 根被风吹灭的蜡烛。

353.鸡兔各有几只

设鸡有 x 只,则兔有(36 - x)只,由题意,得

$$2x + 4(36-x)=100。$$

解之,得 x=22,鸡有 22 只,兔有 36−22=14 只。

354.好客的花花

有 6 个客人,27 颗棉花糖,当然前提是她自己不能吃。

355.分糖果

从题中的数据可以知道,女孩的分配比例应为 9:12:14。因此,770 颗糖果的分法如下:大姐分到 198 颗,二姐分到 264 颗,小妹分到 308 颗。

356.谁胜谁负

让你的朋友先说,你所说的数加上你的朋友说的数值刚好等于 11。以此类推,等你们所说的数值总和达到 99 的时候,即使你的朋友说"1",他也会输。

357.用多少时间

32 小时。这个洞的容积是第一个洞的 8 倍,因此 12 个人来挖的话需要的时间是原来的 8 倍,6 个人来挖就需要原来的 16 倍。

358.各有多少条鱼

在数字中,除了 0 外,只有 1 和 8 照出来依旧是本数,于是知道两种鱼条数的积是 81,因为 81 在镜子里是 18,正好是 9+9。由此可知,五彩神仙鱼、虎皮鱼的数目各是 9 条。

359."8"的奥秘

$88 × 8 + 8 + 88=800$。

360.最大的整数

27。

$(4 \div 2 + 5 - 4) \times 9=27$。

361.花最少的钱去考察

甲买一张经由南极到 B 市的机票,乙买一张经由南极到 A 市的机票,当他们两人在南极相会时,把机票互换一下,这样他们只花了 800 美元就回到了自己的城市。

362.秘密行动

本杰伦的失误在于没有考虑到火车本身的长度。30 秒是火车头进入隧道到驶出隧道的时间，但是车身还在隧道中。所以，炸药爆炸的时候只炸断了铁轨，对火车本身并没有造成太大影响。

363.会遇到几艘客轮

从香港开往费城的客轮，除了在海上会遇到 13 艘客轮以外，还会遇到 2 艘：一艘是在开航时候遇到的从费城开过来的客轮，另一艘是到达费城时遇到的正从费城出发的客轮。所以，加起来一共是 15 艘客轮。

364.坐哪一辆车

哪辆车先来就乘坐哪一辆，因为价钱都一样，而且间隔时间也不长。

第七部分 图形思维游戏

365.怪老头的玩意

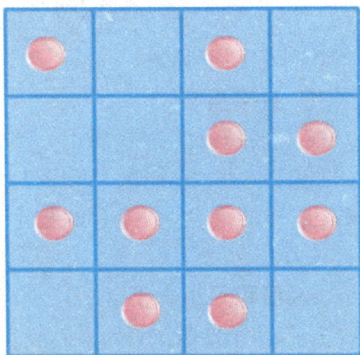

366.标点的妙用

《三角》、《几何》共计九角。《三角》三角，《几何》几何？

《几何》书价是六角。

367.数字乐园

368.交换时针和分针

除了两针重合时能正确表示时间外，表针在其他位置均无法表示正确的时间。

369.翻转梯形

移动 4 根。

370.面积比

把小三角形颠倒过来，就能立刻看出大三角形中包含 4 个小三角形，所以它的面积是小三角形的 4 倍。

371.半个柠檬

单数的一半再加上半个，正好是整数，可取 3、5、7。但 3、5 不符合条件，所以可以推断出柠檬的总数一共有 7 个，其中 4 个被藏在屋子的东面，2 个被藏在屋子的西面。

372.字母算式

A=4，B=9，C=3。

373.数字城堡

374.经典的几何分割问题

375.一只独特的靶子

一共要射 6 支箭。各箭的得分是：17，17，17，17，16，16。

376 商店的最佳位置

因为这些用户沿着铁路排列，可以看成是一条直线。商店应在最中间两户间任意一点。

377.体积会增加多少

1/11。假设现在有 12 毫升的冰，这冰融化后，变成水，体积减小 1/12，也就是只剩下 11 毫升的水。当这 11 毫升的水再结成冰时，则又会变成 12 毫升的冰，对于水而言，正好增加了 1/11。

378.半盒子鸡蛋

盒子里的鸡蛋在 60 分钟时全满，一分钟之前，即 59 分钟的时候是半盒子鸡蛋。

379.足球

正五角形 12 个。正六角形 20 个。

380.数字方阵

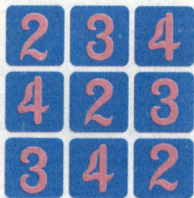

381.让错误的等式变正确

(1) 把 62 移动成 2 的 6 次方：$2^6-63=1$。

(2)把后面等于号上的"－"移动到前面的减号上，使等式成为 62=63－1。

382.移杯子的学问

将第 2 只杯子里的水倒入第 7 只杯子里，将第 4 只杯子里的水倒入第 9 只杯子里，这样就可以使其相间了。其实题目考的是一种思维方式，解答的时候不要拘泥于题目本身，要开拓思路。

383.表格中的奥妙

A=17，B=18，C=14。在任何横线或竖线条里的数字总和等于 50。

384.玩具的总价

鸭子 =5，彩球 =2，风车 =4，熊 =1，蝴蝶 =3。因此，纵向列的未知数为 11，横向行的未知数是 11。

385.圆圈里填数字

⑨ － ⑤ = ④
⑥ ÷ ③ = ②
① ＋ ⑦ = ⑧

386.巧分苹果

把 3 个苹果各切成 4 份，把这 12 块分给每人 1 块。另 4 个苹果每个切成 3 等份，这 12 个 1/3 也分给每人 1 块。于是，每个孩子都得到了一个半块和一个 1/3 块，也就是说，12 个孩子都平均分配到了苹果。

387.数字组合

根据该题目的游戏规则，不论你找出哪组数字，它们的总和都是 3 的倍数，这样的话，它们组合的数字也都能被 3 除尽。

388.面积缩小一半

一共有 5 种摆法。

389.乌龟和青蛙的赛跑

很多人可能会认为第二场比赛的结果是平局，其实这个答案是错误的。因为由第一场比赛可知，乌龟跑 100 米所需的时间和青蛙跑 97 米所需的时间是一样的。因此，在第二场比赛中，乌龟和青蛙同时到达 AB 线，而在剩下的相同的 3 米距离中，由于乌龟的速度快，所以，当然还是它先到达终点。

390.最大的数

9 的 99 次方。

391.排队

站成五角星的形状，5 个顶点和 5 个交叉点各站一个人。

392.5 个鸭梨 6 个人吃

鸭梨是这样分的：先把 3 个鸭梨各切成两半，把这 6 个半块分给每人 1 块。另两个鸭梨每个切成 3 等块，这 6 个 1/3 也分给每人 1 块。于是，每个人都得到了一个半块和一个 1/3 块，也就是说，6 个人都平均分配到了鸭梨，而且每个鸭梨都没有切成多于 3 块。

393.月牙

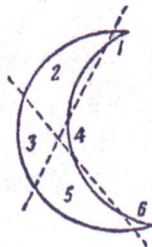

394.书虫啃书

6.2 厘米。而你计算时是不是把所有的厚度都相加了呢？要看清楚书所放的位置。书虫只啃了第一册的封面、第二册和第三册的全部以及第四册的封底。所以，书虫啃书的厚度是 0.1 + 3 + 3 + 0.1=6.2 厘米。

395.切煎饼

第一刀和第二刀是相互垂直地切，就切成了 4 块，然后把这 4 块煎饼叠起来，用第三刀把它们一分为二，就成为 8 块。

396.果汁的分法

把 4 个半杯倒成 2 满杯果汁，这样，满杯的有 9 个，半杯的有 3 个，空杯子有 9 个，3 个人就容易平分了。

397.变出 3 个正方形

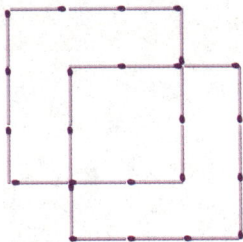

398.台阶有多少个

正好是 119 个。

399.猜拳

连续出对手刚出过的并且输了的拳。

400.趣味金字塔

A=5，B=4，C=15。每一条格子里数字的乘积等于比它略长一点的格子里数字的乘积的一半。

第八部分 逻辑思维游戏

401.天平不平

因为每个秤盘和金条的重量相同，所以只要把左边的金条移动 1 块到右边即可。即：(7＋1)×3(距轴心 3 格)=24=(4＋1＋1)×4(距轴心 4 格)。

402.三只难以对付的八哥

罗伯特来自 A 国；丽萨来自 B 国；艾米来自 C 国。

403.刑警抓歹徒

歹徒如果聪明的话，可以先把船划到湖心，看准刑警的位置，再立刻从湖心向刑警正对的对岸划。这样他只划一个半径长，刑警要骑半个圆周长，即半径的 3.14 倍，而刑警的速度是歹徒的 2.5 倍，歹徒能在刑警到达之前先上岸跑掉。

404.小猫的名字叫什么

D 不是"咪咪"（①），也不是"花花"（③），也不是"球球"（④），也不是"黑黑"（④），也不是"忽忽"（⑤），所以是"兰兰"。

A 不是"咪咪"（③），也不是"球球"（④），也不是"黑黑"（④），也不是"忽忽"（⑤），所以是"花花"。

所以，由②和④可知，"球球"是 C。

由①可知，"咪咪"是 B。

由④可知，"黑黑"是 E。

剩下"忽忽"就是 F 了。

405.爱说假话的兔子

甲：2 岁；

乙：4 岁；

丙：3 岁；

丁：1 岁。

如果丙兔子说的话是假话，丙就比甲年龄小，而且甲就是 1 岁，这是不可能的。

所以丙兔子的发言是真实的，甲不是 1 岁，丙比甲年龄要大。如果甲的发言是真的，则乙是 3 岁，甲比乙年龄大，即甲 4 岁，这与上面的分析是矛盾的。

所以，甲的话是假的，乙也不是 3 岁，甲比乙年龄要小。

根据以上分析，乙是 4 岁，丙是 3 岁，甲是 2 岁，剩下的丁就是 1 岁。

406.谁在撒谎

假如小艾的话是真话，那么小美的话就是假的，相反如果小艾的话是假话，那么小美的话就是真话，据此推测，小艾和小美之间必定有 1 人在撒谎。以此类推，5 人中应该有 3 人在撒谎。

407.照片上的人

这个人在看她丈夫的继母的外孙媳妇的照片。

408.问什么问题

智者所问的问题是"你是这个国家的居民吗？"，如果对方回答"是"，那么这个国家一定是 A 国，否则，这个国家是 B 国。

409.坚强的儿子

儿子说："如果我正直的话，就不会被神遗弃；如果我不正直，就不会被大众所背叛。所以无论如何，我都不会被背叛的。"

410.轮胎如何换

如果给 8 个轮胎分别编为 1~8 号，每 5 千里换一次轮胎，配用的轮胎可以用下面的组合:123(第一次可行驶 1 万里)，124,134,234,456,567,568,578,678。

411.餐厅聚会

7 个年轻人要隔许多天才能在餐厅里相聚一次，这个天数加 1 需能被 1~7 之间的所有自然数整除。1~7 的最小公倍数是 420,也就是说，他们每隔 419 天才能聚于餐厅。因为上一次聚会是在 2 月 29 日，可知这一年是闰年。那么第二年 2 月份就只有 28 天一种可能。由此可推，他们下一次相聚在第二年的 4 月 24 日。

412.猜硬币

这 5 枚是 5 分的。

413.休闲城镇

根据已知条件得知，餐厅在星期一、星期二、星期四、星期五和星期六开门营业，在星期日和星期三关门休息，而其中连续三天的第三天关门休息，因此，这连续三天的第一天不是星期五就是星期一。

因为一星期中没有一天餐厅、百货商场和蛋糕店全都开门营业，那么蛋糕店在星期四和星期五就关门休息，由于丁丁到达休闲城镇的那一天蛋糕店开门营业，所以那一天一定是星期一。

414.互不相通的房间

把3个房间命名为甲、乙、丙，小明3兄弟分别拿一个房间的钥匙，再把剩下的钥匙这样安排：甲房内挂乙房的钥匙，乙房内挂丙房的钥匙，丙房内挂甲房的钥匙。这样，无论谁先到家，都能凭着自己掌握的一把钥匙进入3个房间。

415.失误的程序员

左边的机器人是犹豫不决的机器人，中间的机器人是骗子机器人，右边的机器人是诚实机器人。

416.环球飞行

假设3架飞机分别为A、B、C。

3架（ABC）同时起飞，飞行至1/8处，其中一架（A）分油后，安全返航；剩余两架（BC）飞行到1/4处时，其中一架（B）分油后，安全返航；A降落后加完油，在B返回后马上起飞，逆向接应C；同样B降落后加完油，也立即逆向起飞，接应AC；两架（AC）在逆向1/4处相遇，分油后，同飞行。3架（ABC）飞机在逆向1/8处相遇，分油后继续飞行，这样就可以完成任务了。

所以，3架飞机飞5次就可以完成任务。

417.一条漂亮的裙子

礼物在B盒。

418.无价之宝

开始时只有1颗，第二天增加了6颗，第三天又增加了12颗，第四天又增加了18颗……计算七天的总数，算式为：$1+6+12+18+24+30+36=127$颗。

419.分机器人

4个女孩的姓名分别是：燕妮·琼斯、玫利·哈文、培拉·史密斯和米奇·安德鲁。

420.谁击中了杀手

如果8个保镖中有3人猜对，杀手是C击中的；如果8个保镖中有5人猜对，杀手是G击中的。

421.玻璃是谁打碎的

是丙干的。乙和丁中一定有一个小孩在说谎，假设乙没有说谎，那么这件事就是丁做的，而丙说的话也同样正确，因为只有一个孩子说了实话，所以乙在说谎。也就是说，这4个孩子中，只有丁说了实话。因此可以断定，是丙打碎了李阿姨家的玻璃。

422.神秘岛上的规矩

商人随便问其中一位美女，比如问甲："你说乙比丙的等级低吗？"如果甲回答"是"，那么应该选乙做妻子。如果甲是君子，则乙比丙低，因此乙是小人，丙是凡夫，所以乙保证不是狐狸；如果甲是小人，则乙的等级比丙高，这就意味着乙是君子，丙是凡夫，所以乙一定不是狐狸；如果甲是凡夫，那么她自己就是狐狸，所以乙肯定就不是狐狸。因此，不管什么情况，选乙都不会娶到狐狸。

如果甲回答的是"不是"，那么商人就可以挑选丙做妻子。推理方法同上。

423.玩具世界

一只狗、一只熊猫、一只洋娃娃。

424.他们点的什么菜

根据②和①,如果阿德里安要的是火腿,那么布福德要的就是猪排,卡特要的也是猪排。这种情况与③矛盾。因此,阿德里安要的只能是猪排。于是,根据②,卡特要的只能是火腿。因此,只有布福德才能昨天要火腿,今天要猪排。

425 野炊分工

老大洗菜,老二淘米,老三烧水,老四挑水。

426.谁是班长

由"丙比组长年龄大"知道,丙不是组长,丙的年龄比组长的大。

由"学习委员比乙年龄小"知道,乙不是学习委员,乙的年龄比学习委员的大。

由"甲和学习委员不同岁"知道,甲不是学习委员。

既然知道了甲和乙都不是学习委员,那么丙就一定是学习委员了。3 个人的年龄顺序是:乙＞学习委员丙＞组长。从这一顺序上看,乙不是组长,那他一定是班长了,而组长则是甲了。

427.年龄的秘密

A是54岁,B是45岁,C是4岁半。

428.蚂蚁过地下通道

由一只蚂蚁把沙粒拉到凹处,放在通道里;然后另一只蚂蚁进入凹处;再由第一只蚂蚁推着沙粒过凹处后暂停;然后另一只蚂蚁爬出凹处,沿通道爬走;最后第一只蚂蚁将沙粒拖回凹处,自己走开。

429.姑娘与魔鬼

戴黄色头冠的是光光。

戴白色头冠的是贝贝,变成了魔鬼。

戴蓝色头冠的是木木。

戴黑色头冠的是乔乔。

430.骗子村的老实人

"今天要不是星期一,就是星期二。"因为"今天是星期二"这句话,在星期一也可以说。

431.谁是老实人

甲和丙。

先假设乙是老实人,那么,把丙说的话颠倒过来,戊就成了老实人。接着,甲跟丁也是老实人,这样就超过只有两个老实人的限制了。

那假设丁是老实人的话,把甲说的话颠倒过来,乙就成了老实人。但是照丁的说法,乙应该是个骗子,这样就产生矛盾了。

再假设戊是老实人试试看,加上甲和丁,老实人变成了三位,所以也行不通。

看看剩下的甲和丙所说的话,就跟题目的条件相吻合。

432.扑克牌

红桃。

433.珠宝公司的刁钻奖励

取出第三个金环,形成 1 个、2 个、4 个三组。第一周:领 1 个;第二周:领 2 个,还回 1 个;第三周:再领 1 个;第四周:领 4 个,还回 1 个和 2 个;第五周:再领 1 个;第六周:领 2 个,还回 1 个;第七周:领 1 个。

434.小花猫搬鱼

把盘子分别编号为甲、乙、丙、丁。

①先取出甲、乙盘中的各一条鱼放在丙盘里。

②再把甲、丙盘中的各一条鱼放到乙盘中。

③再把甲、丙盘中的各一条鱼放

到丁盘中。

④把乙、丁盘中的各一条鱼放到甲盘中。

最后，把乙、丁盘中各剩下的一条鱼都放到甲盘中。

435.死囚

不可能。死囚会被处死。

因为执行绞刑的日期可以放在规定日期内的任何一天。如果死囚提出"今天不能执行绞刑，因为我已经知道了今天要被处以绞刑，按照法官的命令，今天就不能执行绞刑了"的要求时，行刑者可以这样回答："要是这样的话，说明你还没有想到今天要执行绞刑，按照规定，你没有想到今天被处死，所以今天能够对你执行绞刑。"

436.一句话定生死

囚犯说的话是："你一定砍死我。"国王听了左右为难，因为如果真的砍了他的头，那么他说的就成了真话，而说真话的应该被绞死；但是如果要绞死他的话，他说的话又成了假话了，而说假话的人是应该砍头的。

437 稳操胜券

跟贾老大一样押500根金条在"三的倍数"上。只要跟贾老大用同样的方法下注即可。

如果贾老大赢了，蒋老大也会得到同样的报酬，他们的名次就不会受影响，就算贾老大输了，名次还是不会受影响。

事实上蒋老大只要押400根以上的金条，如果赢，金条数就会在1500根以上，仍是第一名。

所以，在这种场合，手里有较多金条的人便是赢家。

438.罪犯

大麻子。

439.十枚硬币

这是一个后发制胜的游戏。谁先开局谁必输。如果你的对手稍微聪明一点，就不会在你先取1枚后，他取4枚，最后出现他输的局面。

440.期末考试的成绩

婷婷得了第四名，亮亮得了第二名，佳佳得了第三名，小美得了第一名，只有婷婷估错了。

441.带魔法的饰物

有魔法的女子是思思。

系着魔法围巾的是思思和平平。

戴着魔法蝴蝶发带的是蕾蕾和思思。

442.门铃逻辑

通门铃的按钮是从左边数第五个。如果令F表示该按钮，则6个按钮自左至右的位置依次是D、E、C、A、F、B。

443.12点的位置要经过多少次

要经过61次。

444.教授的课程

张教授教历史和体育，赵教授教英语和生物，彭教授教数学和物理。

445.不可靠的预测机

局长说："预测机下一个预测结果会亮红灯。"如果预测机亮红灯表示"不会"，那么预测机就预测错了，因为事实上它已经亮起了红灯。如果它亮绿灯说"会"，这也错了，因为实际上亮的是绿灯，而不是红灯。这样预测机就预测不准确了。

446.赌徒的谎言

如果张三说的是实话，那李四说的也不错，但应该只有一个人说实话。如果张三、李四、阿七说的都是假话，那只有王五说的是实话，李四是老大。

447.魔鬼与天使

甲是人,乙是天使,丙是魔鬼。

448.篮球比赛

3 胜 1 败。

共有 10 场比赛,各校都必须跟其他四所学校对打一场,4×5=20(场),但是每场有两校出赛,所以 20÷2=10(场)。也就是说,总共应该会有 10 胜。一至四中合计共有 7 胜,那么剩下的 3 胜便是五中的了,并可以马上算出五中有一败。

449.游泳冠军

4 个人名次排列顺序是丙、乙、甲、丁,丙是游泳冠军。

450.狗狗们的话

棕色衣服的狗狗:卡卡家的多多。
黄色衣服的狗狗:德拉家的汪汪。
白色衣服的狗狗:德拉家的咪咪。
灰色衣服的狗狗:卡卡家的依依。

451.裙子是什么颜色

黄色。

452.纸牌游戏

甲拿的两张牌是 1,9;乙为 4,5;丙为 3,8;丁为 2,6。剩下的那张牌是 7。

453.谁姓什么

王大明、张二明、李三明、赵四明。

454.九枚硬币

由于只有 9 枚硬币,所以谁先开局就必定会输。

455.李经理的一周行程

星期五。

第九部分 演绎推理游戏

456.音乐会上的阴谋

埃利事先已做好演出准备的事实,说明他对巴蒂的死和自己将上场

演出有准备,这就证明他涉嫌谋杀。如果他事前不知,他上场前就应临时做准备,用松香先擦擦弓,并调好琴弦。

457.谁在前面,谁在后面

他们的顺序依次是:戊、丙、己、丁、甲、乙。

458.雪地上的脚印

往返的脚印不同。扛着尸体时重量增大,所以留在雪地上的脚印就比较深,而返回时是空手而归,脚印浅,所以断定报案者就是凶手。

459.鸵鸟蛋

根据条件⑥得知,丁发现了 3 个。18 岁的男孩是丙,21 岁的男孩发现 1 个或者 2 个鸵鸟蛋(③),19 岁的男孩也发现 1 个或者 2 个鸵鸟蛋,所以丁是 20 岁。

因为 21 岁的男孩不是去了 A 岛(②),所以,21 岁的是甲,由此可推断,19 岁的是乙。假设甲有 2 个鸵鸟蛋的话,那么乙就有 3 个,这与④相互矛盾。所以,甲发现了 1 个,乙发现了 2 个。因此可知,去 C 岛的人发现了 2 个,去 C 岛的是丙。

根据条件⑥可知,甲去了 D 岛,剩下的丁去了 B 岛。

460.羽毛球能手

根据②常胜将军与表现最差的人年龄相同,并根据①常胜将军的双胞胎与表现最差的人性别不同,可知 4 个人中有 3 个人的年龄相同。由于张老师的年龄肯定比他的儿子和女儿大,从而年龄相同的必定是他的儿子、女儿和妹妹,这样,张老师的儿子和女儿必定是①中所指的双胞胎。因此,张老师的儿子或者女儿是常胜将军,而张老师的妹妹是表现最差的选手。根据①,常胜将

军的双胞胎兄弟或是姐妹一定是张老师的儿子,而常胜将军无疑是张老师的女儿。

461.迷雾重重的盗窃案

E 是小偷。

462.真正的朋友

C。此题需要按顺序来思考,首先假设答案为 G,C 或 L,再依"只有 4 个人说实话"的条件,剔除不合适的人选。

463.如何过河

先把狗带到对岸,然后返回,把一只小羊带过去,顺便把狗带回原岸,把另一只小羊带到对岸。然后再返回,把狗带过去。

464 杰克是哪里人

杰克不是英国人。

465.谁男谁女

甲、乙、戊、庚为男性;丁、丙、已为女性。

466.圣诞聚会

他们到达约会地点的先后顺序是:D、E、C、A、B。

依据题目给出的条件,很快就可以分析出 A、B、C、E 都不是第一个,只有 D 是第一个到达的。

由"E 紧跟在 D 之后",可以知道两人的顺序是:D、E。

由"B 紧跟在 A 后面"得知两个人的顺序是:A、B。

由 "C 不是最后一个到达约会地点",可以得知这样的顺序:C、A、B。

所以, 总的先后顺序是:D、E、C、A、B。

467.赴宴会

根据新娘在没有丈夫的陪伴时不许和别的男子在一起的规定, 至少需要往返 11 次。

468.谁是体操全能冠军

老大是体操全能冠军。

469.电影主角

埃兹拉是电影主角。

470.昆虫聚会

五次。

471.酒店挟持案

福特在打电话时做了点手脚。在通话时,他一讲到无关紧要的话,就用手掌心捂紧话筒,不让对方听到,而讲到关键的话时,就松开手。

这样,家人就收到了这么一段"间歇式"的情报电话:"我是福特……现在……金冠大酒店……和坏人……在一起……请您……快……赶到……"

472.玛瑙戒指

因为奇奇和兜兜的话是相互矛盾的,所以 2 人之中必有 1 人在撒谎。

假设奇奇说的是真话,那么兜兜的话就是假的。从奇奇的话来看,天天是妖性的女子,就是说撒谎的兜兜戴着玛瑙戒指了,这样,天天的话就不是假的了。

所以,奇奇的话应该是假的(而且,天天不是妖性女子),兜兜的话是真的。

因为天天的话是假的,所以天天应该戴着玛瑙戒指,撒谎的奇奇就是妖性女子了。

473.礼服和围巾的问题

你只需要检查"2 件晚礼服、1 条围巾"的盒子里装的是什么物品就行了。如果里面装的是 3 件晚礼服,那么"3 条围巾"的盒子里装的就是"2 件晚礼服、1 条围巾",另一个盒子里装的就是 3 条围巾;如果里面装的是 3 条围巾,那么"3 件晚礼服"的盒子里装的就是"2 件晚礼服、1 条围巾",那么另一个盒子里装的就是 3 件晚礼服。

474.嗜酒如命的人的礼品

"鸡尾酒"先生所收到的礼品是"威士忌"先生送的。"茅台"先生送给"白兰地"先生鸡尾酒;"白兰地"先生送给"威士忌"先生伏特加;"威士忌"先生送给"鸡尾酒"先生茅台酒;"鸡尾酒"先生送给"伏特加"先生白兰地;"伏特加"先生送给"茅台"先生"威士忌"酒。

475.谁在谁的左边

不一定。

如果照图中所示,她们围成一圈的话,沙沙就会在林林的右边。

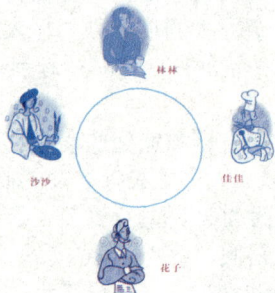

476.离奇的命案

凶手是风。正当死者享受日光浴时,海滩上突然刮起一阵飓风,把太阳伞吹起,当风吹过后,那把太阳伞正好插入了死者的腹部。

477.谁和谁是一家

如果拿长笛的和跑步的是兄弟的话,根据跑步人的发言,拿长笛的就是可可。拿书的所说不是关于兄弟的话就变成了真话,这就相互矛盾了。所以拿长笛的和跑步的不可能是兄弟。

如果拿长笛的和溜冰的是兄弟的话,根据拿书的人的话(假话),可知拿长笛的人就是丁丁。拿长笛的关于是兄弟的话却成了假话,这就相互矛盾了。因此拿长笛的和拿书的不可能是兄弟。

所以,拿长笛的和拿书的是兄弟,跑步的和溜冰的是兄弟。

478.宇宙飞船里的稀客

假设阿波罗撒谎,从泰勒和比尔的发言来看,比尔和阿波罗是同一星球的,进一步从莱布的发言来看,比尔和泰勒是不同星球的,结果阿波罗的发言反而不是谎言,与前面的假设相矛盾。所以,阿波罗的发言是真实的。

假设撒谎的是泰勒或是比尔或是莱布都是一样,他们的发言都是真实的。

所以,泰勒撒了谎,从而可知比尔和莱布都是水星人。

因此可推断,泰勒、费卢是火星人,阿波罗、比尔、莱布是水星人。

479.两个乒乓球

当然不是。

小雪从袋子里拿出一个乒乓球之后,立刻藏在身后。明明肯定要求小雪把它亮出来,而此时小雪就说:"我亮不亮出来没有关系,只要看看袋子里面留下的是什么颜色的乒乓球,就知道我拿的是什么颜色的乒乓球了。"

明明当然会无话可说。

480.四个兄弟一半说真话

说真话的(二哥和小弟弟)不可能说"我是长兄",所以,劳茵的话是假的,那么可知,劳茵不是长兄,而是三哥。那么,劳莎就不是三哥了,劳特的话就是真的,劳特就是二哥或者小弟。

假设劳拉说的是真话,劳特和劳拉就是二哥和小弟(顺序暂时未知),劳莎就是长兄了,则劳拉又在撒谎,这是相互矛盾的。所以,劳拉是长兄。

从劳拉的话中可知(假话),劳莎是二哥,劳特是小弟。

481.舞蹈老师

根据已知条件得知，D和E中必定有一位与A和C属于相同的年龄档，而A和C都小于30岁。按照校长的要求，他是不会选择A和C的。另外，从条件中得知，C和D当中必定有一位与B和E的职业相同，因此，B和E是秘书。所以校长必定会选择D女士做学校的舞蹈教师。

第十部分 文字思维游戏

482.字母谜题

E与其他字母不同，A、I、O、U左右对称，而E不是。

483.猜中国城市名称

连云港，宁波，福州，洛阳，开封，长沙，无锡，武汉，蚌埠，烟台，天津，大同，贵阳，古田，锦州。

484.李白买酒

李白先遇店，后遇花，即是"三遇店和花"，第三次见到花前壶中正好有1斗酒。那么，在遇第三个店前有 $\frac{1}{2}$ 斗酒。以此类推，第二次见花前壶中酒是 $\frac{3}{2}$ 斗，第二个店前 $\frac{3}{4}$ 斗。那么第一次加倍之前，也就是原来有的酒应该是：$\frac{1}{2} \times (\frac{3}{4} + 1) = 7/8$ 斗。这个题也可以用方程解。

485.数字谜语

分头；三七；八一；补心丸；舌头；始终如一；三三两两；一字之差；一念之差；以一当十；一五一十；一刻千金；百里挑一；三十六计；百年树人；接二连三；百无一失；无独有偶；七上八下；始终如一；漏洞百出；不可胜数；陆定一；百合；不等式；井；连环画；双打；白；《连环计》。

486.猜一猜典故谜语

（1）岳母、令郎。

用典：取南宋抗金名将岳飞母亲在岳飞背上针刺"精忠报国"，激励岳飞忠心报效国家的故事。见《宋史·岳飞传》。

（2）残兵败将。

用典：见《史记·项羽本纪》等篇。谜底意为"战败后残余的兵将"。

（3）半路出家。

用典：取《水浒》中鲁达打死了镇关西后才半路出家当和尚，改名鲁智深之说。

（4）一日千里。

用典：见李白《早发白帝城》诗和北魏郦道元《水经注》中"……有时朝发白帝，暮至江陵，其间千二百里，虽乘奔御风，不加疾也"的记载。

（5）一载赴黄粱。

用典：谜面取唐人沈既济传奇小说《枕中记》故事，谜底句出《红楼梦》十二钗正册贾迎春判词"子系中山狼，得志便猖狂。金闺花柳质，一载赴黄粱"。

（6）楚人一炬。

用典：谜面出自白居易长篇叙事诗《长恨歌》。谜底取《史记·项羽本纪》项羽放火烧阿房宫的史实。底文出自杜牧《阿房宫赋》。

（7）《收获》。

用典：取《三国演义》中诸葛亮七擒七纵孟获的故事。

（8）无与伦比。

用典：根据李白诗句"桃花潭水深千尺，不及汪伦送我情"（《赠汪伦》）而得。

(9)遭。

用典:取《三国演义》中,关公在华容道边放走曹操之意。

(10)诩。

用典:谜面是楚霸王项羽乌江自刎前说的话。

487.找图配词

(1)C图。我们视觉上的平衡并不是几何上的平行,它是美学上的平衡,如书法上的"横",一般右端微翘起,体现一种重心的平衡。

(2)C图。我们常听人讲,这幅画画得很美、很和谐,那么这里的"和谐"是指什么呢?它是指视觉的协调,能给人一种挺舒服的感觉。A和B给人的感觉有些孤单、零乱,只有C才让人看得舒服。

(3)A图。原理同(2)。

488.猜概念或名词

中国象棋。

中国象棋上有楚河汉界,比喻楚汉之争。

中国象棋变幻无穷,像一场纸上的战争,故称为纸上谈兵。

中国象棋有32颗棋子。

拿不定主意,即举棋不定。

489.谜语大聚会

(1)黑板,(2)天下奇才,(3)巧言令色,(4)金鱼,(5)蜘蛛,(6)荷花,(7)西瓜,(8)铅笔,(9)凸、凹,(10)春夏秋冬,(11)蝉,(12)风筝,(13)子弹,(14)围巾,(15)西红柿。

490.拼字游戏

书桌

491.变字游戏

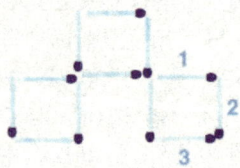

492.唐诗填字谜

(1)"桥",《断桥》(杜牧《寄扬州韩绰判官》)。

(2)"燕",《燕归来》(刘禹锡《乌衣巷》)。

(3)"弦",《心弦》(白居易《琵琶行》)。

(4)"人间",《在人间》(杜甫《赠花卿》)。

(5)"我",《勿忘我》(杜甫《寄韩谏议注》)。

(6)"宿",《归宿》(杜甫《佳人》)。

(7)"爱",《简·爱》(李白《妾薄命》)。

(8)"东风",《借东风》(杜牧《赤壁》)。

(9)"难"、"难",难解难分(李商隐《无题》)。

(10)"际",一望无际(孟浩然《早寒江上有怀》)。

(11)"药",没药(贾岛《寻隐者不遇》)。

(12)"不尽",取之不尽(杜甫《登高》)。

(13)"人",后继有人(李白《南陵别儿童入京》)。

493.水果密码

进攻。

494.破译密码

$E = 7,W = 4,F = 6,T = 2,Q = 0$,东路兵力是7240,西路兵力是6760,总兵力是14000。

细心分析,可以发现只能是$Q+Q = Q$,而不可能是$Q+Q = 2Q$,故$Q = 0$;

同样,只能是$W+F = 10,T+E+1 = 10,E+F+1 = 10+W$。

所以有三个式子:

(1)W+F = 10

(2)T+E = 9

(3)E+F = 9+W

可以推出 2W = E+1，所以 E 是单数。

另外 E+F>9,E>F，所以推算出 E = 9 是错误的,E = 7 是正确的。

495.布加勒斯特

B	R	T	H	E	C	S	A	U
A	E	S	U	B	T	R	C	H
U	H	C	S	R	A	B	E	T
R	S	E	A	C	U	H	T	B
C	A	B	T	H	R	E	U	S
T	U	H	B	S	E	A	R	C
H	C	R	E	U	S	T	B	A
S	T	U	R	A	B	C	H	E
E	B	A	C	T	H	U	S	R

496.天使迷宫

L	E	A	G	N
A	N	L	E	G
N	L	G	A	E
E	G	N	L	A
G	A	E	N	L

497.语文老师的难题
这首诗的谜底是成语"灵机一动"。

498.有趣的字谜
章。

499.可以替代的词
可以用"打"字代替。

500."二"的妙用

夫	井	开	王
丰	毛	牛	手
天	午	五	元
云	月	仁	无

第十一部分 辨别思维游戏

501.图形对应的规律
F。每一个部分均按顺时针方向旋转一个位置，并且每一个图案中带阴影的部分均与对面部分相对调。

502.这句话对吗
肯定不对。因为从第一只杯子里放 1 枚棋子算起，要想数目不同只能是把 2,3,4……枚棋子去放入相对应的杯子里，这样得出 15 只杯子全不相同，最少所需的棋子数是 1+2+3+4……+15 = 120。现在只有 100 个棋子,当然是不够装的。

503.找差别
第一筐拿 1 个,第二筐拿 2 个……以此类推，共 55 个一起称。把称得的重量和 55 斤相比较,如果差 0.1 斤就是第一筐轻了，差 0.2 斤就是第二筐轻了……以此类推。

504.实话和谎话
正确答案是桶里的水是可以喝的。

这道题在所有辨别真伪的游戏题里面，算是再简单不过的了。

你想想,你在一个晴朗的午后说:今天天气不错。对方回答:是的。那就说明对方是那个只说老实话的孩子。他说桶里面的水是可以喝的，那就一定是可以喝的喽。

505.问题手表
D 的评价是正确的。皮皮犯的正是"混淆概念"的错误,两个"3 分钟"是不相同的,一个标准,一个不标准,因此,皮皮的推断是错误的。

506.新兵的推理
新兵杰克的推断是不正确的。

教官可以在周四以前的任何一天

进行拉练,如果杰克表示反对的话,教官可以问他:

"你真的认为今天不应该进行拉练吗?"

杰克肯定会回答:"是的,教官。按照您的说法今天是不能进行拉练的。"

教官就可以告诉杰克:"那就是说你不知道今天进行拉练。按照我的说法,今天可以进行拉练!"

这下新兵杰克就只能干瞪眼了。

507.三个人猜拳

不对,两个人猜拳的排列组合有9种,有 1/3 的机会是平手。而 3 个人猜拳时的排列组合会有 27 种,平手的机会是这样的:

石头、石头、石头,石头、布、剪刀,石头、剪刀、布;

剪刀、石头、布,剪刀、剪刀、剪刀,剪刀、布、石头;

布、石头、剪刀,布、剪刀、石头,布、布、布。也是九种。

因此两个人猜拳平手的机会和三个人猜拳时平手的机会是一样的,都是 1/3。

508.谁是老实人

老王和老李。

先假设老张是老实人,那么,把老李说的话颠倒过来,老刘就成了老实人。接着,老王跟老林也是老实人,这样就超过只有两个人的限制了。

那假设老林是老实人的话,把老王说的话颠倒过来,老张就成了老实人。但是照老林的说法,老张应该是个骗子,这样就产生矛盾了。

再假设老刘是老实人试试看,加上老王和老林,老实人变成了三位,所以也行不通。

看看剩下的老王和老李所说的话,就跟题目的条件相吻合。

509.能循环工作吗

这是不可能实现的,因为当丁走完一条边的时候,甲并不在他原来的位置上而是在乙原来的位置上,所以丁和甲并不能成功地交接,他们也就没办法循环下去了。

510.区别在哪里

这两个不同的地方是:(1) 帽子上的小花的色彩不一样。(2)她们被画在这一页的不同位置。

511.冬天还是夏天

左图是夏天画的。因为夏天 11 点钟时太阳处于屋顶上方,照射进屋里的光线面积小。右图是冬天画的。

512.奇怪的绳圈

右上的那颗钉子会钩住绳子。以下是将绳子两端连接后的图示,阴影表示位于环圈内的区域。

513.找相似

B。只添一条直线,它就与上面的图相似。

514.哪个是另类

(1)是另类,其余的字母都是不对称图形,只有(1)是对称图形。

515.哪个与众不同

A。你只需把图旋转就会发现 B、C、D 是同一个图形。

516.哪个图形与众不同

C 与众不同。A、B、D、E 都是两个小图形相加等于大图形。

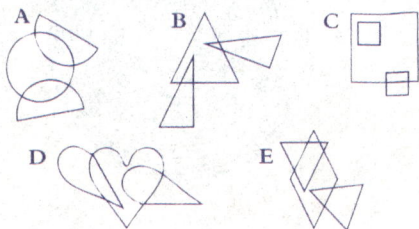

517.哪个图形是错误的

B。四个方形中符号的数量应当是从 A 到 D 递减的，而 B 中增加了，所以 B 是错误的。

518.找出多余的字母

多余的字母是 A 和 N。第一个三角形内的序列是 B、D、F、H、J（序号 2,4,6,8,10）。序号分别加 1,2,3,4,5，即为第二个三角形内的序列。

519.找出例外的数

E。其他几个数都符合一个规律：每一个数的前两位相加等于三四位组成的数，而第二位加三四位组成的数等于末尾两位组成的数。

520.哪一个对应

F。A 与 B，C 与 F 都是垂直面相对应。

521.吝啬鬼的把戏

在这笔糊涂账中，关键在于第一次的 1 元钱已经"变"成了面条，不能再算了。吝啬鬼还应该再付 1 元钱。

522.错在哪里

尽可能地尝试解题吧，你会发现这些表述没有任何一个是错的。但是你发现没有，这一页的页码错了。

第十二部分 空间思维游戏

523.找相符的图形

A。

524.立方体问题

D 图不属于同一个立方体。

525.展开后的图形

答案是图形 1。可以在 4 个图形上试着把折线画出来，如果呈现出和黑影部分相同的图形，就是答案。或者仔细观察展开图，观察四边形的黑影部分的切口处是否平行及两个四边形的间距等，也能够找到答案。

526.骰子布局

C。

527.立体图形

10+11=21 块。

528.三角柱体展开图

观察立体图形的展开图时，先试着改变展开图的方向，然后再从每面的相对位置来看。

顶面的图形中，深色在左边。图 A 的展开位并没有任一面符合"深色在左边"的条件，可以排除图 A。立体图里和底面相连的侧面的图案为右上到左下的深色条状，图 B 中没有这样的图案。图 D 也不符合条件。

那么，请想想，图 C 符合条件的地方在哪儿呢？

529.图案盒子

A。

530.罗沙蒙德迷宫

尝试把所有的死巷都涂上颜色，这样就可以找出如图中所示的正确道路了。

531.有趣的字母迷宫

V	I	L	E	U	O
E	U	O	V	I	L
U	E	V	L	O	I
O	L	I	U	V	E
L	O	U	I	E	V
I	V	E	O	L	U

532.寻宝地图

起点是左上角的格子4↓。那些未走过的方格呈现的数字为31。建议倒过来从终点找起。

533.难解的死亡密码

如图。

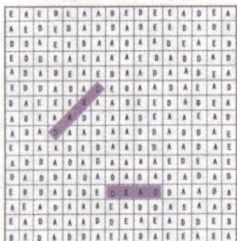

534.数字迷宫

535.迷宫

536.龟兔比赛

比仰卧起坐,这样乌龟就输定了。你猜对了吗?

537.寻找巡逻路线

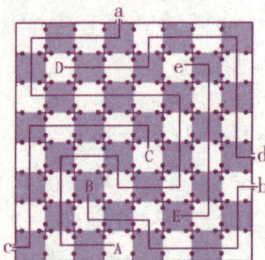

538 相同的立方体

图③。

原图有 7 个立方体排列在平面上,请注意它们排列的相对位置,只有图③是相同的

539.魔方的颜色

6 个小立方体一面是绿色;12 个小立方体两面是绿色;8 个小立方体三面是绿色;没有小立方体四面是绿色;1 个立方体所有的面都没有绿色。

540.有多少种走法

不管你走哪条路,都至少需要经过 5 个白色砖块。所以接下来你只能从 5 列白色砖块中自由选择 3 个。因此这时问题就相当于要将 3 颗球任意放进 5 个袋子,有多少种放法?

将全部 3 颗球放进一个袋子有 5 种方法;将其中 2 颗球放进 1 个袋子

有 5×4 种方法，3 颗球都放进不同的袋子有 (5×4)/2 种方法。因此，答案是：5 + 20 + 10 = 35 种。

541.不走重复路

以下字母代表在每个路口选择的方向（E=East［东］、W=West［西］、S=South［南］、N=North［北］）：

①E、N、S（赢）
②E、N、W、N（赢）
③E、N、W、S、N（输）
④E、N、W、S、W（输）
⑤E、S、E、N（赢）
⑥E、S、E、W、N（输）
⑦E、S、E、W、S（赢）
⑧E、S、W（输）
⑨S、E、N（赢）
⑩S、E、W、N、S（输）
S、E、W、N、W（输）
S、E、W、S（赢）
S、N、N、S（赢）
S、N、N、W、N（赢）
S、N、W、S（输）
S、N、W（输）

所以，赢的概率是 8/16 = 1/2。

542.有多少块积木

276 块。

543.骰子构图

A 块。构图规则：自上而下，由左边第一行起，半圆形朝向的变化为 2 上，4 右，3 下，2 左，如此反复。每一行数完后，接着数下一行，仍自上而下。

544.全世界最简单的迷宫

All GOOD THINGS MUST COME TO AN END。

545.找相同的布局设计图

B 和 F。

第十三部分 脑筋急转弯游戏

546.不怕雨淋的人

因为它是稻草人。

547.哪一个比较长

眼镜蛇长，其他都是两个字。

548.越热越高

温度计。

549.标签的作用

骗蚂蚁用的。

550.毛毛虫的梦想

毛毛虫说："爸爸，我要买鞋。"

551.一举两得

笼子外的两只老鼠看到同伴竟然笨得被抓住而活活笑死。

552.酒鬼的决定

从此不再看书了。

553.圣诞老人的工作

自己的脚。

554.蚂蚁为什么没有死

玲玲穿的是高跟鞋。

555.看不到脚印

因为他倒着走。

556.拔腿就跑的猫

因为老鼠先跑，而猫是去追老鼠的。

557.平安无事

他的孙子就是那个播音员。

558.看什么病

他来看一直不停摇头的毛病。

559.什么关系

警察是小孩的妈妈。

560.躲在哪里

他躲到狮子笼里去了。

561.问什么问题

老师问："大勇，你为什么又迟到了？"

562.跳伞训练

那个人口吃。

563.快速抢答

他从其他 3 个轮胎上各取下 1 个螺丝,安在备用车胎上。

564.都喜欢听的字母

C D。

565.奇怪的偷车贼

因为那辆车是他自己的。

566.共同点

两个字母的笔画都是十笔。

567.技术高超的化装师

化装师是照着另一个通缉犯的照片帮他化装的。

568.奇怪的撞车事件

卡车司机在步行。

569.谁跑得快

因为马本来就跑得比牛快。

570.获奖感言

我的刹车坏了!

571.为什么没有受伤

掉下来的是雪花。

572.同时进行

跷跷板。

573.最想得到的杯

奖杯。

574.小王的绝技

他在刷假牙。

575.袋鼠与猴子赛跑

袋鼠双脚起跳,违反了比赛规则。

576.脱帽子

理发师。

577.没有上锁的房间

推开门就行。

578.夫妻的共同点

同年同月同日结婚。

579.叫什么

小明。

580.伤心的管理员

他想:"什么时候才能挖好坑呀?"

581.如何补救

不停地翻跟头。

582.动作迅速的蜗牛

蜗牛在地图上爬行。

583.旅行

可能,是明天。

第十四部分 综合思维游戏

584.六角星变长方形

如图,将六角星的上下两个角剪下来,一分为二,拼到左右两个缺口上。

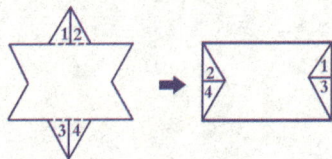

585.有趣的算式

586.调转火柴

587.分辨生熟鸡蛋

旋转鸡蛋,容易转起来的是熟的,而很难旋转的是生的。因为,煮熟的鸡蛋蛋白和蛋黄是一个整体,容易转动,而生鸡蛋的蛋黄和蛋清是液体,所以转起来比较困难。

588.一题三解

$$7+5-6=6$$
$$1+9-2=8$$
$$1+9-8=2$$

589.智者的趣题

把最左边的小圆画在极远的右边。如图：

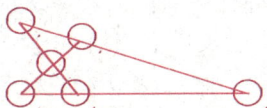

590.火柴排队

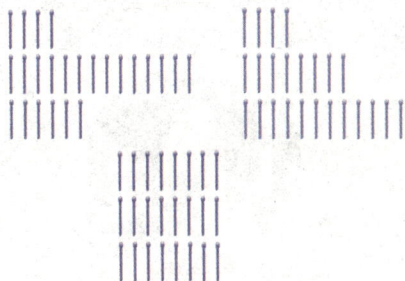

591.丑小鸭变天鹅

592.妙在动1根

$$117-73=44$$

593.锯成"十"字形

沿虚线锯开即可。

594.巧摆瓶子

将一只瓶子的瓶口朝下,让4只瓶子的瓶口成一个正四面体。

要解决这道题,关键要由平面想到立体,由一般的顺着放想到倒着放。

595.有几种路线

有3种,如下图所示：

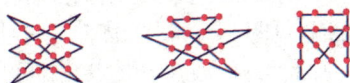

596.说变就变

只要将图1沿虚线剪出一个等腰三角形,将等腰三角形的反面翻过来拼上去,就变成了另一张如图2的卡片了。

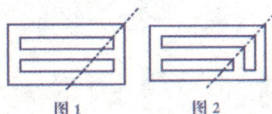

图1　　　图2

597.三等分

598.八根火柴

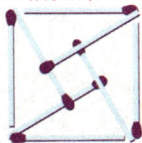

599.三角形管线

也许你会有点惊讶,因为还是深色的那一面朝上。这是该几何图像看来很有说服力的原因,虽然它不可能在实际中制造出来。

600.只准剪一刀

把2个图形叠起来剪(如图1),一刀就行了。然后再拼起来,便是正方形了(如图2)。

图1　　图2

601.时髦妈妈的裙子

剪两刀很容易,分别剪去两边突出的部分(见图1)。剪一刀需先左右对折一下(见图2),再剪去突出的部分,即可。

图1　　　图2　　　图3

602.最大和最小

55+39=94
50-39=11

603.倒硫酸

往瓶里放大小不同的玻璃球,使液面升到10升的刻度处,然后往外倒至5升刻度处。这是利用玻璃球不被硫酸腐蚀的特点。

604.湖光塔影

605.拼长方形

如图所示:

606.称砝码

当然能,用1千克、5千克、8千克3个砝码即可。

607.指路

当你走到只有左转或右转两种选择的T字路口时,只要左转就行了。

608.巧移1根

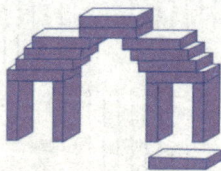

609.搭桥

这种结构的桥,好像没办法搭出来,因为还没搭上两块,桥就会倒塌。如何让桥不倒塌,才是问题所在。看了下图,你会恍然大悟,原来只要一开始多放两块砖作桥墩,等到桥的构架完全稳定后,再取走多余的桥墩就行了。

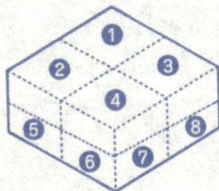

610.形状特异的生日蛋糕

如图所切,每人都能分到相同形状的蛋糕。

611.巧摆木棍

能。

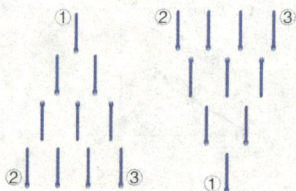

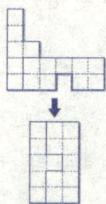

612.越变越多

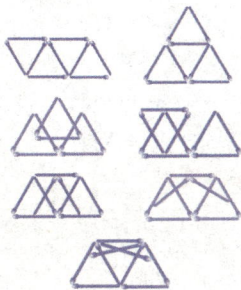

613.硬币金字塔

7 枚。

其实，只有当金字塔层数是 3 的倍数时，才会出现非对称的移动方式。所以，只要移动图中有颜色的硬币，就可以将金字塔上下颠倒了。

614.四等分图形

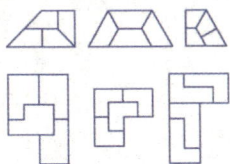

615.快速建楼房

只需要将原图转动 90 度再看即可（如下图）。

616.不工作的理由

萨姆工作了 16 又 2/3 天，旷工 13 又 1/3 天。

617.修黑板

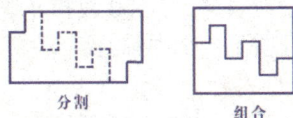

分割　　　　组合

618.拼桌面

619.没招儿就认输

620.拼摆长方形

① 　　　　 ②

621.移糖果

第一步：从第一堆的 11 粒中移 7 粒到第二堆，于是三堆分别为：4 粒、14 粒、6 粒。

第二步：从第二堆的 14 粒中移 6 粒到第三堆，于是三堆分别为：4 粒、8 粒、12 粒。

第三步：从第三堆的 12 粒中移 4 粒到第一堆，于是三堆分别为：8 粒、8 粒、8 粒。

622.巧装棋子

在第 1、第 2、第 3 个盒子中各放入 13 枚棋子，第 4 至 11 个盒子中各放 3 枚棋子，第 12 个盒子中放入 37 枚棋子，这样刚好 100 枚棋子，每个盒子里的棋子数字中都有一个"3"。

623.对称

11 枚。如图,必须摆满。

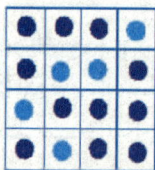

624.10 根变 9 根

用剪刀将图中的平行线沿对角线剪断，把右半部分沿切口往下移一根线,就变成 9 根了。

625.比大小

(1)$1^{111} < 111^1 < 1111 < 11^{11}$;

(2)$9^{99} > 99^9 > 999$;

(3)$5-[(5×5-5)÷5]=1$。

626.变算式

627.等于 2

①$4÷4+4÷4=2$;

②$4-(4+4)÷4=2$;

③$4×4÷(4+4)=2$;

④$4÷[(4+4)÷4]=2$。

628.算式连等

629.巧摆正方形

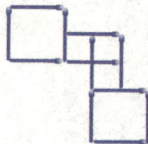